# 中小企業診断士になって年収2000万円稼ぐ法

だれも教えてくれなかった
「顧客獲得ノウハウ」「継続顧客の増やし方」
「これからのコンサルティング手法」などを大公開!

岡部穂積

同文舘出版

はなれない」というのが正直なところです。中小企業診断士、経営コンサルタントの世界にも厳しい現実があります。その厳しい現実の壁をどうやって打ち破っていったのか？

その答えは、本書に詳しく書いてあります。私の前著『中小企業診断士になって年収１５００万円稼ぐ法』と同じく、今回もギリギリのところまで、私の生の体験談とコンサルティング・ノウハウを公開しています。

たとえば、私自身の年収の推移に関する記述です。ある時点での自分の年収を公開するような本は数多くあると思いますが、年収の推移を赤裸々に公開するような本はめったにありません。

また、実際にお金になっている現在使用中のコンサルティング・ノウハウが、こんなに安い値段で公開されている本も少ないはずです。

最近、「格差の拡大」という言葉がよく聞かれます。激しい自由競争が繰り広げられるなか、あらゆる分野で所得格差の二極化が進みつつあることを実感しています。中小企業診断士も、その例外ではありません。

上昇気流に乗って勝ち組になるのか？

働けども働けども豊かになれない負け組になるのか？

# まえがき

「中小企業診断士になったら稼げるの？」——ドキッとさせられる質問です。

かつて、私の年収が５００万円程度だった頃は、「そんな露骨な質問はしないでほしい」と思いました。恥ずかしくて、正直に答えられなかったからです。

そうは言っても、中小企業診断士は経営コンサルタントとして、企業に対して業績アップのアドバイスをしたり社員教育をする立場です。年収が低すぎたら、説得力も迫力も生まれません。

私は、トップレベルの中小企業診断士になりたいと願い、自分自身の年収を上げていく決意をしました。そして、それを少しずつ実現させていきました。まだまだ小さな成功にすぎませんが、今では「ある程度稼げますよ」と言えるようにもなりました。

ただし、ある程度稼げるようになるまでには、かなりの期間と努力が必要だったことも事実です。

「中小企業診断士の資格を取ったらすぐに稼げるようになるのか？」と言うと、「すぐに

どちらになるのも自由だとしたら、あなたはどちらを望みますか？

未来は透明であり自由です。自分自身の手で明るい未来を作り出していきましょう。

最後に、もう一度あなたにお聞きします。

あなたは、中小企業診断士になりたいと思いますか？

あなたは、年収２０００万円を稼ぎたいと思いますか？

あなたは、やりがいのある仕事をしたいと思いますか？

あなたは、独立して社長になりたいと思いますか？

あなたは、自分の夢を実現させていきたいと思いますか？

チャンスは無限に広がっています。

本書を通じて、その答えを発見していただけたら幸いです。

# 中小企業診断士になって年収２０００万円稼ぐ法／目次

## 3章 あなたの年収アップを妨げている「10の壁」

## 4章 年収アップを目指すコンサルタントへのアドバイス

## 5章 「通信コンサルティング」に挑戦しよう

6章

## 簡単で実戦に役立つコンサルティング・ノウハウ

カバー　藤瀬和敏
本文ＤＴＰ　シナプス

# プロローグ

平成16年。私は44歳にして、初めて念願の年収2000万円を突破することに成功しました。どのようにして年収2000万円を突破することができたのか？　くわしく知りたい方は、ぜひとも本書をお読みください。

私は中小企業診断士として、プロの経営コンサルタントとして、平成6年から今日まで、13年以上仕事をしています。熊本という地方都市を拠点に活動していますが、おかげさまで順調に仕事を続けてくることができました。

ひとつの仕事に打ち込んで10年以上も続けていると、それなりに役立つノウハウが蓄積されてくるものです。そこでそれらのノウハウの中から、

・新規顧客を増やすためのテクニック
・年収をアップさせるための方法
・新しい時代のコンサルティング手法
・実戦に役立つコンサルティング・ノウハウ　　など

私の年収の推移

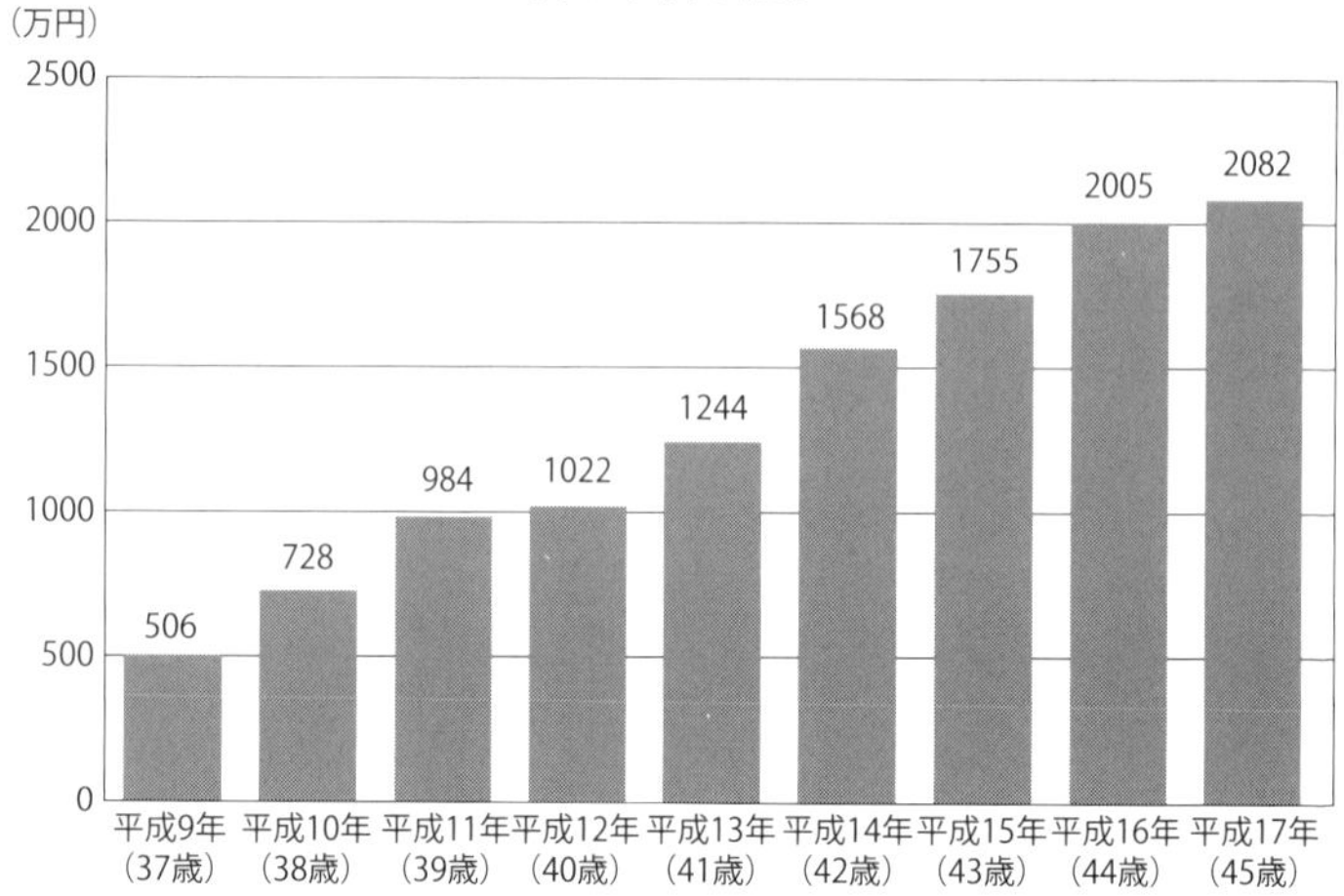


みんなが知りたがるような内容を中心に、私自身のノウハウをまとめてみました。

本書は、「中小企業診断士として、プロのコンサルタントとして豊かに生きていきたい」と思っている人、「プロコンサルタントの知恵を学んで、自分自身のレベルアップと年収アップに取り組みたい」と思っている人におすすめです。

また、「コンサルティング・ノウハウを学んで、自分の会社の業績をよくしていきたい」と思っている小さな会社の経営者や病院の院長などにもおすすめです。

ご参考までに、平成9年度から平成17年度までの9年間の私の年収の推移（上表参照）

売上げと年収の関係について

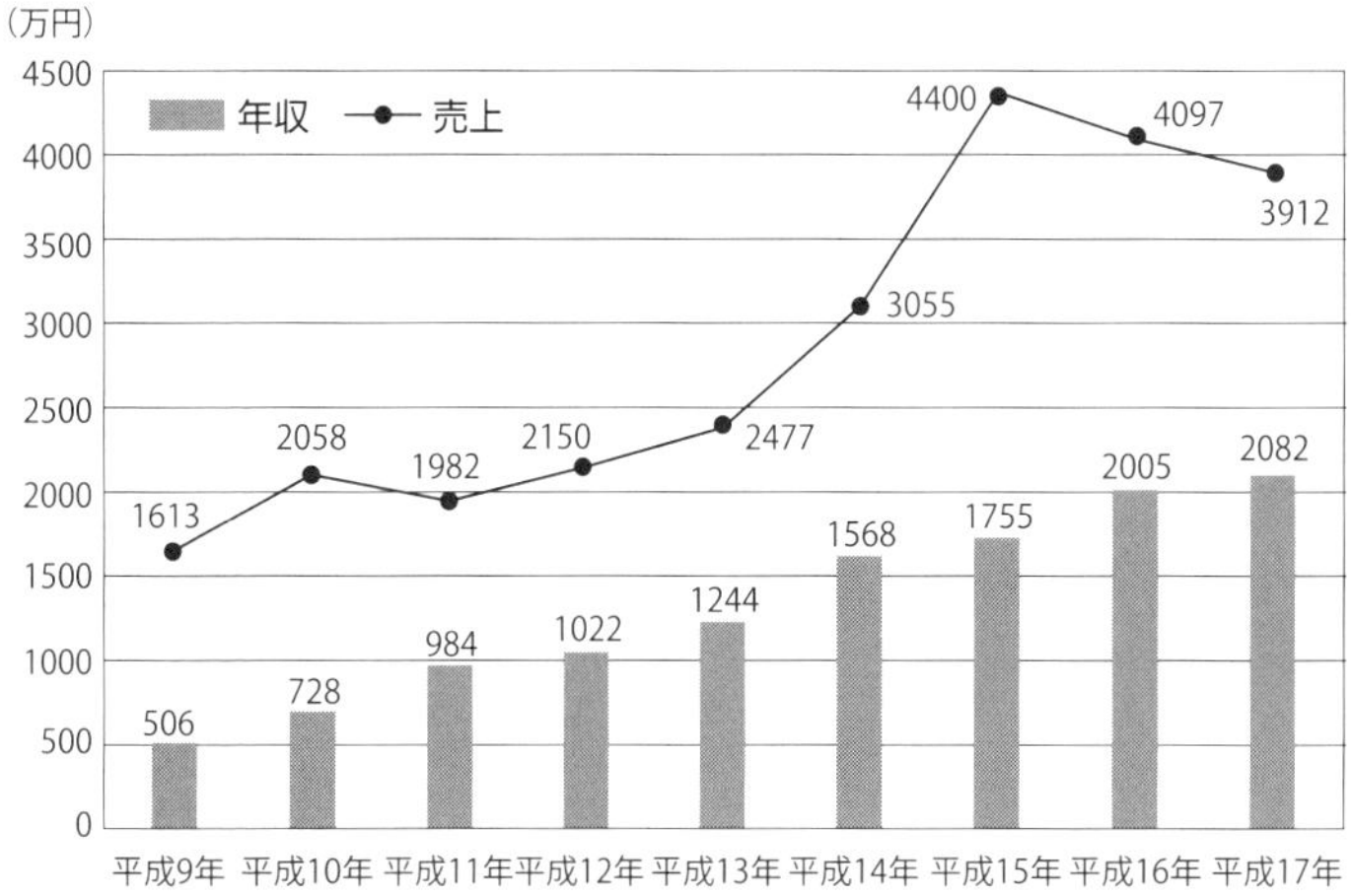


をご覧ください。比較的順調に伸びてきたのが、ひと目でおわかりいただけると思います（平成18年度以降の年収については、次の壁を突破してからお伝えしたいと思います）。

また、売上げと年収の関係についてのグラフ（上表参照）をご覧ください。大ざっぱに言うと、売上げの約半分が年収になっていますが、どの程度の売上げを上げたとき、年収がどの程度になったかがひと目でおわかりいただけると思います。

私の売上げの基礎となっているのは、毎月継続的に私を使ってくださる30件ほどの固定客です。１件当たり、月々5～15万円程度の料金をいただいています。この固定客の売上げの合計が毎月１７０万円程度になります。

歯科医院、内科医院、病院、歯科技工所、ビデオ小売業、一般廃棄物処理業、自動車板金塗装業、運送業、特別養護老人ホーム、農業資材卸売業、健康食品通信販売業、英会話学校など業種はさまざまですが、歯科医院が最も多く、私の専門分野のひとつになっています。

主な仕事内容は、売上げや客数を伸ばすためのコンサルティングと会社の業績を向上させるための社員教育です。毎月１～３回、定期的に訪問して業務を遂行することにより、業績アップの支援をしています。

その次に安定的な売上げを上げているのが、通信手段を用いた歯科医院向けのコンサルティングサービスです。私が、歯科医院の現場で実際に成果を上げたノウハウを提供するものです。

ビデオ（ＤＶＤ）・テキスト・資料などを毎月定期的に会員にお届けすることにより、患者数アップ、売上アップに役立てていただいています。会員からの質問があれば、きちんとお答えして双方向のサービスになるようにしています。

毎月ご利用いただいている会員数は50～60件程度で１件当たり、毎月１２０００円～１６０００円の料金をいただいているため、合計で毎月70万円程度の売上げになっています。

そして変動的な収入になりますが、セミナー講師としての売上げが月平均で60万円ほどあります。歯科医院向けセミナーが中心ですが、幹部社員育成研修、営業管理者能力レベルアップ研修、売上アップに向けての合宿研修、マネジメント能力レベルアップ研修、新入社員研修などの講師も担当しています。

また臨時収入として、ビデオ（ＤＶＤ）やコンサルティングツールなどの販売売上げが月平均で10万円ほどあります。これは、私が今までにコツコツと作ってきた各種ビデオ（ＤＶＤ）、ＣＤ、テキスト、資料などをパッケージ商品として販売しているものです。

さらに、私以外のスタッフでも売上げが上がるしくみとして、社員採用時の失敗を少なくするための適性検査サービスを行なっていますが、月平均で10万円程度の売上げとなっています。

この他、１回限りのコンサルティングや社員研修の依頼がときどき入ってきます。その他の雑収入と合わせて月平均で10万円程度になっています。

以上のすべてを合計すると、毎月３３０万円程度の売上げになります。毎月の売上高が３００万円に到達していない方は、ぜひ参考にしてください。

話は変わりますが、現在の私は新しいテーマへの挑戦をスタートさせています。それは、**「社員教育の自動化を実現する」**ということです。

これは、私自身が次のような問題に直面するようになってきたからです。

1　顧客数を増やそうとしても、スケジュールの限界、労働時間の限界というものがあり、直接指導できる顧客数が限られてくるため、顧客を増やし続けることができない
2　自分が働かなければ売上げが確保できず、稼ごうと思ったら休みが取れなくなる
3　社員を雇ってコンサルタントとして活躍させようとしても、即戦力として給料以上に稼げる人は限られておりリスクが大きい。もし、稼げるようになったとしても独立してしまう。結果的にライバルを増やすことになってしまう
4　現在のやり方だけではこれ以上の売上アップ、年収アップが難しい
5　自分も歳を取っていくため、やがては気力、知力、体力とも衰えて売上げがダウンしていく

これらの問題を考えたとき、次のようになればいいと考えたのです。

1　自分が働かなければ売上げが伸びないという状況から解放されたい。普通の社員がどんどん稼いでくれるしくみを作りたい

2　自分が歳を取っても安定的に売上げが確保できるような企業にしたい
3　私が持っているコンサルティング・ノウハウ、社員教育ノウハウをシステム化して自動化させたい。自動化させることにより生産性を飛躍的に向上させたい
4　新たな固定収入の柱を作りたい

社員教育の自動化・コンピュータ化が実現し、それが事業として軌道に乗れば、私が直面している問題は解決します。

私は中小企業診断士としての小さな成功に満足するだけでなく、企業家としても成功したいという夢を持っています。55歳までに高収益企業の基盤を作り、ハッピーリタイアメントできるだけの財産を築いていくつもりです。

あなたは年収2000万円を目指してこの本を手にしました。この本は、あなたの人生をよりよいものにしていくキッカケになるかもしれません。

# 1章

# 新規顧客を増やす自己アピールテクニック

# 30秒で、強烈なインパクトを与えよう

自己アピールできるチャンスが訪れたとき、あなたは自分自身をどのような言葉で、どのような口調でアピールしていますか？

「私は中小企業診断士です。経営診断をすることができます……」

「私は経営コンサルタントです。専門は賃金制度です……」など、インパクトが少なくてわかりにくい表現で自己アピールをしていませんか？

平凡でわかりにくい自己アピールをすることは、自分自身の商品化が不十分であることを示しています。

自分自身の商品化が不十分であれば、見込客から見れば、「何それ？」、「だから何なの？」という感じになり、取引開始のきっかけは得られません。

普通の人から見れば、「中小企業診断士？　経営診断？　何それ？」、「経営コンサルタント？　怪しい人じゃないの？」、「経営相談？　別に困ってないけど……」

という感覚がほとんどでしょう。

自分自身の商品化が不十分なまま、わけのわからない専門用語を使ってダラダラと平凡な自己アピールをしても、顧客は近寄ってくることはありません。

新規顧客を増やしたいと願うなら、30秒以内で、相手に強烈なインパクトを与えることです。

わかりやすくて、しかも魅力的な自己アピールのセリフを自信を持って相手に伝えることです。

「おっ！　この人、利益になりそうだぞ。利用できそうだ」と直観的に感じ取ってもらえるようにアピールしなければならないのです。

では、私自身どのようなセリフでアピールしているのかと言うと、

歯科医に対しては、

「私の得意分野は、歯科医院の売上げを伸ばすことと患者数を増やすことです。多くの歯科医院で成果を出しています。熊本県ではトップレベルだと思います」

もう少し短く言う場合は、

「私は、歯科医院の売上げを伸ばすことができます。患者数を増やすことができます。実際に成果を出しています」といった感じです。

中小企業の社長に対しては、ケースバイケースで使い分けています。

売上げを伸ばしたい、客数を増やしたいと考えている社長に対しては、

「私は売上アップ、客数アップのお手伝いをすることができます。営業研修を行ない、売上げを伸ばし、客数を増やすことができます。実際に、指導先で成果を出しています」

幹部社員に、会社の業績を伸ばしてもらいたいと考えている社長に対しては、

「私は幹部研修の講師をすることができます。幹部社員を鍛え、会社の業績をアップさせることができます。実際に指導先で成果を出しています」

人件費の節約に悩んでいる社長に対しては、

「私は人件費を節約することができます。賃金制度の改革を行ない、人件費を上手に減らしていくことができます。事例も豊富にあります」

現場改革に対する強い危機感を抱いている社長に対しては、

「私は業績を向上させる現場改革を行なうことができます。現場での指導を行ない、業績アップを実現することができます」といった感じです。

さらに、今までのコンサルティング業務実績一覧表を渡し、

「これが、私の今までの実績です」

「○○に関する事例としては、○○できたという成功事例があります。他にも、○○で

**私の成功事例**

・前年比20％以上の売上アップに成功
・経常利益を前年比２０００万円以上にアップさせることに成功
・月々のカルテの件数を、１年以内に１００件以上伸ばすことに成功
・１ヶ月のカルテの件数を3年間で、４００件台から７００件台にすることに成功
・１日の来院患者数を80人以上にすることに成功
・１年間で１日当たりの来院患者数を10人以上アップさせることに成功
・自費の売上げを毎月２００万円以上にすることに成功
・１年間で自費の売上げを月々１００万円以上アップさせることに成功
・自費率を10％台から40％台にすることに成功
・月々１０００万円以上の売上高を達成することに成功
・過去最高の月間件数を更新することに成功
・過去最高の月間売上高を更新することに成功
・院長の月給を２００万円以上にすることに成功

きたという事例など、いろいろな成功事例があります」とつけ加えると、よりいっそう効果的です。

「何だか、ずいぶん強気な自己アピールだなあ。そんなアピールをしたらウソつき呼ばわりされそうで怖いよ」と思われた方も多いと思います。

しかし、実務上では原則として、1年間という期間をいただいて一所懸命に仕事をしているため、ほとんどのケースで何らかの成果が得られており、お客様とトラブルになることはまずありません。

ときには、明らかな成果が得られない状況のまま期限切れになってしまう場合もありますが、お客様の立場に立って一所懸命、誠実に仕事をしていれば大きなトラブルに

はなりません。全力で仕事をして、成果を出すことに集中すればいいのです。

そう言われても、強烈なインパクトを与えるような自己アピールのセリフを使うことができない人はどうしたらいいのでしょうか？

成果を出すことにどうしても自信が持てないなら、熱意と気合いをアピールポイントにすればいいのです。これなら誰にでもできます。

たとえば、社員研修の講師を引き受けたいなら、

「私に、社員研修講師を担当させてください。〇〇に関しては得意です。朝7時からでも夜9時からでも、日曜日でもかまいません。全力で対応させていただきます」

と、大きな声で宣言してみてください。

迫力ある大きな声、自信のある表情に、人は心を動かされるものです。

「この人、ずいぶん気合いが入っているなあ。うちの社員もこのぐらいの気迫があるといいのに。一度試しにうちの社員を鍛えてもらおうかな」ということになります。

実は、私もまだ実績不十分だった頃、成果を約束するようなセリフが言えなかったので、熱意と気合いでインパクトを与える努力をしていました。

朝、早起きをして水をかぶったり、早朝一番出社を続けたり、朝早くても、夜遅くても、日曜日でも、仕事を引き受けたのは、熱意と気合いのレベルを上げるためのトレーニング

だったのです。

ですから、あなたも商売の原点に戻って、お客様のために全力を尽くす覚悟を決めてください。そして、大きな声を出して、熱意と気合いをアピールしてみましょう。

大きな声を出して、自信たっぷりの表情で何かを訴えることができるようになれば、30秒で強烈なインパクトが与えられるようになります。

人と接するときは、明るい表情で、大きな声を出すように心がけてください。何かが変わっていくのが実感できるはずです。

## ダイレクトメールで、強烈なインパクトを与えよう

ダイレクトメールを成功させることができるかどうか？

これができるかどうかによって、新規顧客獲得のスピードに差がついていきます。

ダイレクトメールは強力な営業の武器です。中小企業診断士として、経営コンサルタントとして新規顧客を増やしたいのであれば、ダイレクトメールを成功させるようにチャレ

ンジしてください。

私も、ダイレクトメールを使いこなして、たくさんの顧客を獲得してきました。これは、ダイレクトメールで強烈なインパクトを与えることができたからだと思います。

実は、今こうして本を書いているのも元はと言えば、私が出版社宛に送ったダイレクトメールがキッカケです。

ぜひとも、人の心を動かすようなダイレクトメールを工夫してください。

ところで、ダイレクトメールの成否の判断基準は何でしょうか？

答えは……成約率です。出した枚数に対して何件成約したかという比率です。

ぜひともこの成約率を高め、トータルで純利益を生み出せるようにしてください。

成約率を上げるポイントは、質の高い見込客リストを手に入れることとダイレクトメールの中身を魅力的に仕上げておくことです。

一番簡単な見込客リストは職業別電話帳から手に入れることができます。職業がわかれば、かなりターゲットを絞ることができます。職業別に住所と名前が検索できるソフトウエアも市販されているので活用してください。

イベントを開いたり、何かをプレゼントすることでアンケートを手に入れるという手段も、リストづくりの基本です。

客層が類似している企業と提携し、顧客名簿を共有する、あるいは共同でセミナーを開催し、アンケートを取るという手法も普及しています。

また、ファン顧客やビジネスパートナーから見込客をリストアップしてもらう方法も有効です。さらに、日頃から自分でコツコツとリストづくりをすることに挑戦してください。

とにかく、さまざまな手段で質の高い見込客リストを手に入れてください。

さて、問題はいかにしてダイレクトメールの中身を魅力的に仕上げるか？

どうすれば、強烈なインパクトを与えることができるのか？　ということです。

これについては、私も今まで相当悩んできました。

ダイレクトメールの本を何冊も読んだり実物のダイレクトメールをいくつも集めて、よさそうなものを真似してみたり、いろいろなパターンのダイレクトメールを考えて、どれがインパクトが強いか比較してみたり、ダイレクトメールを出すたびに文章の改良に挑戦してみたり……とにかく、少しでも成約率の高いダイレクトメールにしようと努力してきました。

その結果、いくつかの大切なポイントに気づきました。

1　「タイトル」、「キャッチフレーズ」、「冒頭での問いかけ」がインパクトある表現や文章になっているか、再確認してください。この部分が魅力的でないと、文章を全部読もうという気にはなれません。

２　ダイレクトメールに書かれているお客様のメリットを、お客様の立場に立って再確認してください。

３　信用してもらうため、自分の実績を明らかにしてください。具体的な成果をくわしく列挙するのです。そして、お客様の生の声を入れるようにしてください。

４　自分の書いたダイレクトメールを、１００％お客様の立場に立って、何度も何度も読み返してみてください。不十分な点が少しずつ見えてきます。

５　ダイレクトメールを読み終えた後、不快な気分にならないか、また誠実さが伝わるようになっているか確認してください。不誠実さが感じられる内容であれば、本能的に拒絶されてしまうからです。

６　ダイレクトメールの終わりに、相手の行動を促すような文章が入っているかどうか、しかも、簡単に手続きができるようになっているか確認してください。

以上が、私が気をつけている主な点です。

○○にて開催

# 歯科医院スタッフ 営業能力レベルアップセミナー

**患者数を増やすことのできるスタッフ、売上を伸ばすことのできるスタッフに育てます！**

■日　時　0年0月0日（○）午後13:00～午後16:30

■会　場　○○ホテル（○○市○区／JR○○駅・○○駅近隣）

■受講料　○○円／お1人様（税込）

■定　員　先着 ○人

■対象者　歯科医院に勤務しているスタッフ（院長が参加を希望される場合は、必ずスタッフと一緒に参加されて下さい）

(有)ベストビジネス　取締役社長

中小企業診断士　**岡部　穂積**

歯科医院の売上向上指導を得意分野とする経営コンサルタント。院長の良き相談相手として、歯科医院の現場で、売上アップ、患者数増加、自費率アップ、営業力アップ、スタッフの能力アップなど、次々とすばらしい成果を出している。

参加できない場合は…

当日のセミナーを撮影したビデオ・テキストも販売いたします。

■販売価格　○○円（税・送料・代引手数料込）

収録ビデオのお支払い方法は、商品代引 or 振込み（セミナー終了後、当社より請求書発送→入金確認後の商品発送）となっております。

**セミナーの主な内容**

1. スタッフの意識レベル・実力レベルの判定。（自分自身のレベルを客観的に見つめ直す）
2. スタッフの意識改革（スタッフが本気になって挑戦すれば、歯科医院の患者数は増える。売上は伸びる。）
3. 業績アップに貢献できる能力アップのあり方を学ぶ。（理想のスタッフ像を知る）
4. ダメなスタッフが、すばらしいスタッフに成長した事例の紹介。
5. 患者数を増やすコツを学ぶ。
6. 自費の売上を伸ばすコツを学ぶ。
7. 業績アップ対策を考える。アイディアを出すコツを学ぶ。
8. 他者の成功事例に学ぶ。優秀な人に教えを乞う。
9. 本気で自分自身のレベルアップの目標を立てる。

**お問い合わせ・お申込み先**

(有)ベストビジネス　【担当：岡部・鈴村】

熊本市菅原町7-20 ストリートIビル 2F

TEL：096-375-1386　FAX：096-375-1387

**お申し込み・お支払い方法**

1. 下記申込書にご記入の上、FAX・郵送にてお送り下さい。当社より「申込受付確認済」のFAXをお送りします。後日、詳しい案内（ご請求書・会場地図・受講券等）を郵送いたします。
2. セミナー受講料は、開催日前日までにお振込み下さい。
3. 本人ご欠席の場合は代理の方がご参加下さい。セミナー資料をお渡しさせていただきます。

**約束**

1. セミナーの受講料以上のものが回収できることをお約束します。
2. 他のセミナーでは得られない生の情報を提供します。
3. すぐに使える役立つ資料をお渡し致します。

**【申込書】　お申込みは今すぐ…24時間365日FAX受付中！　FAX：(096) 375－1387　申込締切日：○月○日（○）**

☑印を付けて下さい　□セミナー参加希望　□セミナー不参加〔収録ビデオ購入希望　□商品代引 or □振込〕

| | | | |
|---|---|---|---|
| 医院名 | | 院長名（代表者名） | |
| ご住所 | 〒 | | |
| TEL | | FAX | |
| 参加者氏名 | | | 合計（　　）名 |

**患者数を増やすことのできるスタッフ、売上を伸ばすことのできるスタッフに育てます！**

**『歯科医院スタッフ 営業能力レベルアップセミナー』のご案内**

患者数を増やし、売上を伸ばして行くために、どうしたら良いのでしょうか？
お金をかけずに、すぐ効果の上がる方法は、ないのでしょうか？
**約○ヶ月程度で、確実に効果の出る即効性のある方法があります。**
**それは「スタッフの営業能力を高める」という方法です。**

**私は経営コンサルタントとして、数々の歯科医院の患者数を増やすこと、売上を伸ばすことに成功して来ました。**

例えば、次のような内容です。

- ★ 月々のカルテの件数を短期間で○○件以上伸ばすことに成功
- ★ 1ヶ月のカルテの件数を○○件以上にすることに成功
- ★ 1日の来院患者数を○○人以上にすることに成功
- ★ 自費の売上を毎月○○万円以上にすることに成功
- ★ 過去最高の月間件数を更新することに成功
- ★ 過去最高の月間売上高を更新することに成功
- ★ 院長の月給を○○万円以上にすることに成功
- ★ セールスを苦手とするスタッフが、どんどん売ることができるように成長
- ★ スタッフの協力を引き出し、歯科医院全体の戦力アップに成功

なぜ、このような成果を出すことができたのでしょうか？
成功の要因は色々とありますが、最も大きな要因の1つとして、
**「スタッフの営業能力を高めることに成功した事」**
**「医院全体の営業能力を高めることに成功した事」**
ではないかと確信しています。

（以下省略）

【1】

次のページへ続く →

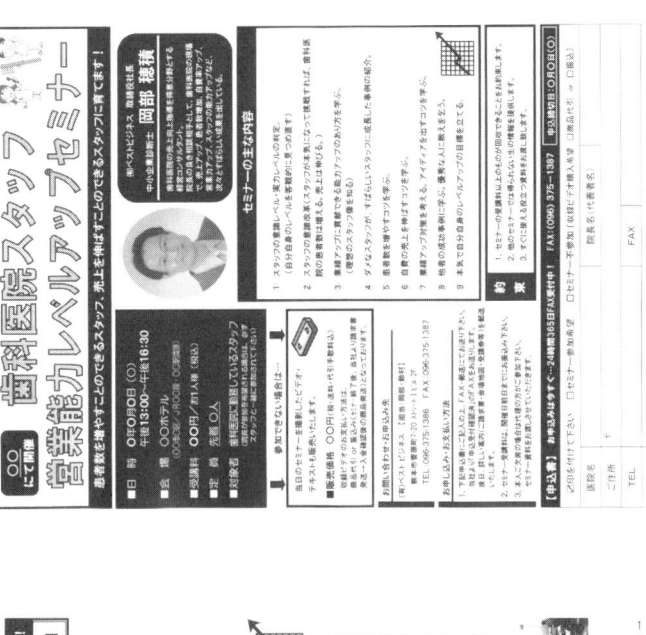

これだけ気をつけて文章を作成しても、本当に高い成約率が得られるかどうか不安なところです。

ダイレクトメールを出す前に、何人かの人に目を通してもらってチェックしてもらいましょう。自分では気づかなかった、新たな弱点を指摘していただけるかもしれません。

さて、こうして完成したダイレクトメールでいよいよ実験です。

ダイレクトメールの発送にかかった、すべての諸経費を上回る利益が得られれば成功です。

ダイレクトメールの成否を分ける損益分岐点売上高及び成約率を、あらかじめ試算してからダイレクトメールを打ちます。

ダイレクトメールから、少しでも利益を得ることができれば、繰り返しダイレクトメールを打ち続けることができます。

逆に、マイナスになるようであれば資金繰りの悪化を招き、やがて打つことができなくなっていきます。

利益が得られるような成約率になるよう、ダイレクトメールのリストとダイレクトメールの中身を見直し、質を高めていきましょう。

# セミナーで、強烈なインパクトを与えよう

「セミナーを開催し、見込客に強烈なインパクトを与えて取引開始のきっかけとする」

これは、コンサルタントが新規顧客を増やしていく場合の常套手段のひとつです。

セミナーの内容と講師の印象がよければ、新規顧客を増やすことが可能になります。セミナー終了後、見込客のほうから近寄ってきてくれるようになります。

アンケートの内容も好意的なものが多くなり、成約の可能性の高い見込客が増えていきます。

セミナーで強烈なインパクトを与えるには、いくつかの条件が必要です。

セミナーの内容としては、〝お金のにおい〟がするもの、わかりやすくて具体的な内容が好まれます。

たとえば、次のようなものがインパクトを与えやすいでしょう。

・成功事例の体験談
・売上げや客数を伸ばす具体策や営業ノウハウの紹介
・利益を生み出し、業績を向上させるためのテクニックや具体策の紹介
・ある特定の問題を解決するための具体策の提供

講師のキャラクターとしては、次のような条件を満たすとインパクトを与えやすくなります。

1 大きな声が出せる。声の強弱、高低を使い分けることができる。
2 表情が豊か。笑顔で明るい印象を与えることができる。また、笑顔だけでなく、いろいろな表情を使い分けることができる。
3 身振り手振りに力強さがある。
4 服装など見た目がよくて印象的。
5 自信満々である。その一方で、参加者に対する心配りをしており誠実な印象がある。

この他、セミナーのインパクトを高める手段として、

「お客様の生の声を流す」

「実際の会話の声を流す」

「実際の映像を見せる」

「セミナー参加者に演技をさせる」

「講師が演技をしてみせる」

「セミナー参加者にグループディスカッションをさせる」

「発表させる」

「目標を設定させる」

「価値あるデータを提供する」

「売上アップに役立つ具体的なツールやサンプルを提供する」

なども有効です。


ところで、「セミナーで強烈なインパクトを与えるなんて自信ないなあ」と感じる人も多いことでしょう。

そんな人はどうしたらいいのでしょうか？　今すぐは無理だとしても、「将来はセミナーで、強烈なインパクトを与えられるようになる」と決心することがスタートになります。

◀▼セミナーで講演中の著者

そして、少しずつそのための準備をしていくことです。

いろいろなセミナーに出て、インパクトの強いセミナーから学ぶこともひとつの方法です。

何よりも大切なことは、目の前の仕事で自分自身が小さな成功事例を積み上げていくことです。そして、知恵を深める体験を積み重ねていくことです。

小さな成功事例がいくつも出てくるようになると、徐々に人前で話す自信が生まれてきます。

自信が少しでも出てきたら、思い切ってセミナー講師をしてみましょう。

集客人数が少なくても気にせず、全力でノウハウを提供するようにしてください。

場数を踏むうちに、徐々に迫力あるセミナーができるようになっていきます。

## お客様の声を利用して強烈なインパクトを与えよう

新規顧客を増やす最も効果的な方法は、「紹介でお客様を増やす」というオーソドックスな方法です。お客様が、心から満足して次のお客様を紹介してくださるため、自動的にお客様が増えていきます。

ただし、この方法の最大の欠点は「受け身なので、紹介が来るのを待っていると時間がかかってしまう」ということです。

この欠点を補うには、「口に出して紹介のお願いをする」ことです。さらには、「お客様の喜びの声」、「お客様の推薦の声」をダイレクトメールに同封して、集客に利用することです。

「お客様から、このような声をいただいております」と言いながら、見込客に直接手渡ししてアピールしていくのです。

紹介でお客様が増えたとき、あなたのお客様はあなたのことを何と言って紹介してくれたのでしょうか？　その言葉をたしかめておきましょう。

そして、その言葉を利用させてもらいましょう。

日頃、仕事をしているとき、あなたのお客様は、あなたに対してどんな喜びの言葉や感謝の言葉を言ってくれていますか？

その喜びの言葉や感謝の言葉を利用させてもらうのです。

あなたのお客様は、あなたのどの長所が気に入って使い続けてくださっているのですか？　その長所を、お客様の言葉で伝えてみるのです。

あなたのお客様は、どんな文章であなたに対する満足度を表現してくれていますか？

その文章をそのまま利用させてもらいましょう。本人自筆の文字を利用させてもらうのです。

お客様の声を最大限に利用することによって、見込客に強烈なインパクトを与えることができるようになります。

# 2章

# 私が年収2000万円を超えることができた理由

# 固定客を作り、固定収入のベースを固めよう

私には、「常時、30件の固定客を持つ」という基本方針があります。その結果、少ないときでも毎月25件以上、多いときは35件以上、平均30件前後の固定客に恵まれてきました。

固定客がいれば、毎月固定収入が入るため売上げのベースが安定し、必ず一定以上の年収が確保できるようになります。

１件からいただく月間料金は、訪問回数や業務内容によって５～15万円と幅がありますが、最も多いのは月々５～６万円程度です。

30件合計で、月々１５０～１８０万円の固定収入になり、これを長期間に渡って確保し続けるということが基礎になります。

私が中小企業診断士として、プロの経営コンサルタントとして13年以上も仕事を続けてこられたのは、何と言っても毎月の固定収入のおかげであり、毎月の固定収入を与えてく

ださった固定客のおかげです。

ですから、固定客のために全力を尽くして気に入られ、使い続けてもらうことが収入を安定させる最大のポイントになります。

固定客の繁栄のために知恵を絞ってエネルギーを注ぎ、感謝されるように一所懸命仕事をしなければなりません。そして、なるべく長期間に渡って利用し続けてもらえるようになるべきです。

お客様を、いつまでも満足させ続けることに挑戦していきましょう。

お客様の不満が大きくなれば、取引は中止になります。マンネリに陥り、費用対効果が悪くなれば取引は中止になります。与えるものがなくなってしまえば、取引は中止になります。

取引が中止にならないように、自分自身を常に進歩発展させ、お客様を満足させ続けることに挑戦していかなければなりません。

うまくいっていない人を見ると、取引が短期間で終了してしまうという共通の特徴があるようです。1年契約で仕事をしても、2年目3年目が続かないのです。

私がうまくいっている大きな理由のひとつが、平均取引期間が長いという実績です。

私を、5年以上も使い続けてくださっている固定客は18件あります。これは、30件の固定客のうちの60％に相当します。

さらにその中で、10年以上も使い続けてくださっている固定客は6件あります。

現在のあなたの、固定客との取引期間はどのくらいでしょうか？　一度調べてみてください。

固定客を取引期間に応じて分類する場合、次のように分類して考えてみるとわかりやすくなります。

**取引期間が6ヶ月以上〜1年以下…新規固定客**
**取引期間が1年超〜5年未満…継続固定客**
**取引期間が5年以上…長期固定客**
**取引期間が10年以上…VIP固定客**

新規固定客は、継続固定客にするように努力してください。
継続固定客は、長期固定客にするように努力してください。
長期固定客は、VIP固定客にするように努力してください。

そしてその結果として、長期固定客、VIP固定客の比率を増やしていくことに挑戦していきましょう。固定収入の基盤を固めるのに、大きな威力を発揮してくれるはずです。

## 地域でトップレベルの専門分野を持つ

私の中小企業診断士・経営コンサルタントとしての仕事のスタートは、「人事制度改革・賃金制度改革」と「幹部社員研修」の2本が柱となっていました。

ですから、「あなたの得意分野は何ですか?」と聞かれれば、

「人事制度・賃金制度改革です。能力主義賃金制度を導入することができます」

「幹部社員研修です。幹部社員を鍛えて、レベルアップさせることができます」

と答えていました。

それはそれで、そこそこにはお客様も増えて仕事にもなりましたが、まだまだ自己アピール不足を感じていました。

「人事制度改革・賃金制度改革」や「幹部社員研修」に取り組んでいるコンサルタント

の数は多く、ある程度は目立つことには成功したものの、「地域でトップレベルの専門分野を持っている」とまでは断言し切れなかったからです。

「地域でトップレベルの専門分野を持っている」と言い切れるようになるためには、いくつかの壁を突破しなければなりません。

まず、他の人よりも数多くの成功事例を持っていること。

そして、その成功事例においては、具体的にはっきりと数値で示せる成果の証拠を残していること。

さらには、成功率が他の人よりも明らかに高いこと。

それらの結果として、一定の地域において、あるいは一定の分野において有名になってきていること。

これらの条件をクリアーしたとき、「自分は、地域でトップレベルの専門分野を持っている」という本物の自信が出てくるようになるのです。

私は、これらの条件を、時間をかけて一つひとつクリアーしていきました。

そして、「歯科医院の売上アップ」を専門分野にすることができました。また、「地域でトップレベルの専門分野を持っている」と言い切れるようになりました。

この自信が、私の収入をアップさせていく大きな原動力のひとつとなったのです。

誰だって、その道のトップレベルの人に助けてもらいたい、手伝ってもらいたいと思うものです。

トップレベルの専門分野を持てば、お客様のほうから近寄ってきてくれるようになり、仕事が楽に取れるようになります。その結果、営業の効率が非常によくなっていくのです。

ですから、特定の分野で数多くの成功事例をコツコツと積み重ねていきましょう。

具体的に、はっきりと数値で示せる成果の証拠を残していくのです。

「すべてのお客様に対して成果を出す」という強い気持ちを持って、成功率を高めていきたいものです。

やがて、あなたの専門分野での実績と自信は本物となっていくはずです。

## セミナーをシリーズ化して稼ごう

私は、「歯科医院向けのセミナー」を第4弾までシリーズ化して、全国各地で開催して稼がせてもらいました。

セミナーに限らず、仕事をするときはなるべく、商品化を意識して行なうべきです。ひとつの仕事で何回も稼げるようになってこそ、利益が出るというものです。１回きりの仕事、１回きりの売上げだけだと、それほど稼ぐことはできません。

ですから、ひとつの仕事から繰り返し売上げを上げることができるように工夫していく必要があるのです。

私が、「歯科医院向けセミナー」から繰り返し売上げを上げるために行なった工夫は、以下の通りです。

１　「歯科医院売上向上セミナー第１弾」の１回目の開催が成功したので、まったく同じ内容のセミナーを全国展開して繰り返し売上げを上げた。

２　日程の都合が悪くて参加できない人には、セミナーのビデオと資料を販売した。

３　セミナー参加者から見込客を発見し、毎月売上げが上がる固定客にした。

４　個別訪問しにくい遠方の見込客には、通信コンサルティング（ビデオコンサルティング）の会員になっていただき、最低６ヶ月間は毎月売上げが上がるようにした。

５　セミナーのタイトルと内容を変え、第２弾、第３弾、第４弾と４年間に渡って同じように全国展開して、繰り返し売上げを上げた。

6　ダイレクトメールを全国に打って、セミナーのビデオと資料を販売した。
7　経営コンサルタントを目指す人や歯科医院の経営コンサルティングに取り組みたいと考えている人に、セミナーのビデオと資料を販売した。
8　あるセミナーを気に入ってくださった方には、他のセミナーのビデオと資料も買っていただいた。

ひとつのセミナーが成功したら、なるべくシリーズ化して息の長いヒットセミナーにするようにしたいものです。
そして、私がしてきたことを参考に、繰り返し売上げを上げるための工夫をしてみてください。ひとつの仕事から繰り返し売上げが発生するようになり、しだいに稼ぎの効率がよくなっていくはずです。

参考までに、私がシリーズ化した歯科医院向けセミナーのタイトルは次の通りです。

**第1弾　「歯科医院売上向上セミナー　成功事例紹介編」**
私が実際に生み出してきた成功事例を紹介するという、インパクトのあるセミナー。

**第2弾　「歯科医院売上向上セミナー　衝撃編」**

私が実際に行なったアンケート調査とインタビューから、患者の生の声を紹介し、売上向上につなげるという説得力のあるセミナー。

**第3弾　「歯科医院スタッフ営業能力レベルアップセミナー」**

スタッフの意識改革と営業力強化を通じて、短期間のうちに医院の業績を高めていくためのセミナー。医院の営業力強化に役立つ。

**第4弾　「歯科医院売上向上セミナー　増患増収対策の発見編」**

どうすれば、歯科医院の増患・増収が実現できるのか？　増患・増収対策のすべてを総合的に網羅した価値あるセミナー。

## 新たな方法で、新たな固定収入を上乗せする

「毎月の固定収入を増やしたい」と思った場合に考えられる方法はいくつかあります。

そのひとつは、毎月の固定客をスケジュールの許す限り、ギリギリまで詰め込んで増や

すという方法です。この方法は時間との勝負となるため、長時間労働を余儀なくされる体力勝負の方法です。

しかしこのやり方には、休みがまったく取れなくなってしまうこと、勉強する時間、考える時間、創造する時間が取れなくなってしまうなどの欠点があります。

「それなら、社員を雇って仕事を任せればいいではないか」という考えが浮かんでくると思いますが、経営コンサルティングにおいては、この壁を破るのは並たいていのことではありません。

お客様は、私だから満足してくださるのであって、代わりの社員を派遣すれば、契約が短期間で打ち切られてしまう可能性があります。

幸運にも、私と同等以上の実力を持った人が社員になってくれればいいのですが、そんな実力を持った人は、１人で仕事ができるようになると自由と高収入を求めて独立してしまいます。

そこで私は、１００％私に忠実な私の分身を作ることを考えました。

その結果、出てきた結論は、私のコンサルティング・ノウハウをまとめたビデオ（ＤＶＤ）とマニュアルを作り、通信手段を用いて利用していただく、という方法でした。

この方法によって、固定収入を上乗せすることを考えました。

通信手段を用いて、コンサルティングを行なうという基本コンセプトにより、「通信コンサルティング」、サブタイトルを「ビデオコンサルティング」としました。

この方法なら、ビデオ（ＤＶＤ）とマニュアルが私の代わりをしてくれるため、とても便利です。社員やパートに発送業務と管理業務を担当させるだけですむし、独立される心配もありません。

お客様に対しては、通常のコンサルティングよりもはるかに安い料金で利用していただくことが可能になります。

また、全国一律料金で利用できるため、遠方のお客様でもご利用いただけるのが強みです。おかげさまで、利用者が全国に広がりました。

この方法の欠点を上げるとすると、直接訪問せず、ビデオ（ＤＶＤ）とマニュアルだけでコンサルティングを行なうため、直接訪問するのに比べてきめ細かな対応ができないことです。質問があれば、ＦＡＸやメールで丁寧に答えていますが、質問すること自体がお客様にとっては面倒なようです。

したがって、満足度の面でやや劣ることになり、継続率がやや低くなっています。

直接訪問すれば３年続くお客様でも、通信コンサルティングの場合は１年程度で途切れてしまうことが少なくありません。

「顔が見えないので、少しでも飽きたら切られやすい」ということです。

また、集客の方法、ダイレクトメールでのご案内の方法が上手でないと反応率が悪くなり、採算ラインを超えられない可能性が出てくることも欠点のひとつです。

ですから常に、集客方法の改善やダイレクトメールのレベルアップを図らなければなりません。

このような欠点はありますが、トータルして考えると、「通信コンサルティング」という方法は、新たな固定収入を上乗せするのにおおいに力を発揮してくれました。

## 臨時収入の上乗せに挑戦しよう

私は、平成15年7月に1冊目の著書である、『中小企業診断士になって年収１５００万円稼ぐ法』（同文舘出版）という書籍を出版しましたが、出版するのに当たって、本を読んでくれた人からも新たな売上げを確保しようと考えました。

本の印税収入は8〜10％程度なので、少々売れたぐらいでは、たいした収入にはならないからです。

「本を売って印税で儲けよう」というのは、ベストセラー作家にだけできることで、ほとんどの人は臨時収入程度にしかなりません。

「本の出版は、ファン顧客を発見するための営業の武器」という基本的なセオリーにしたがって、読者の中から新たな顧客層を発見し、新たな売上げを確保しようとしたわけです。

本を出版する以前の私の顧客層は、歯医者、医者および中小企業の社長がほとんどでした。その他には、商工会議所や市役所など、セミナーを主催している機関からも、ある程度の仕事が入ってきました。

本を出版した後は、予想通り新たな顧客層が少し追加されました。

それは、「経営コンサルティング的な業務を行なう人たち」および「経営コンサルタントになりたいと思っている人たち」です。

これらの人たちからの問い合わせが増えるように、私は書籍の中で呼びかけてみました。

また、小冊子を無料でプレゼントする旨を本の最後のページで告知してみました。

すると予想通り、小冊子の無料プレゼントは、次から次へと申し込みがありました。

そこで、小冊子を送るときに新たな売上げが発生するように、ダイレクトメールを同封したのです。

やがて、これらの人たちの中から、私のノウハウがほしい、私のノウハウを買いたい、私の支援がほしいという人が現われ、新たな売上げをもたらしてくれるようになりました。

この臨時収入は、印税による収入を大きく上回る金額になりました。

ただし、私がノウハウを公開すればするほど、同じようなことをする人が増え、「市場が少し荒らされてきたな」と感じることもありますが、それはそれで仕方がないことと割り切っています。

その他の臨時収入としては、単発やシリーズのセミナー講師、単発の経営コンサルティング、単発の社員研修、メルマガの読者から少しずつ上がる売上げ、適性検査の実施による売上げなどがあります。

毎月、何らかの臨時収入が、代わる代わる入るようになっています。

この中で、私がまったく関わることなく売上げが上がるのが、適性検査の実施です。１人２１００円という単価なので、たいした売上げにはなりませんが、コンピュータソフトによりパターン化されているため、パートでも処理できるところがありがたいところです。

定期的に社員を採用する企業が、繰り返し利用してくれています。

臨時収入の可能性があるのに今までやや消極的だったのが、遠方の顧客からの単発の経営コンサルティング依頼です。単発の経営コンサルティングはヒアリングと分析に時間がかかるため、料金を少し多くいただかないと割に合わないからです。

また遠方の場合、交通費や宿泊費がかかることに加えて、往復の移動時間にかなりの時間がかかるため、料金を多めにいただかないと時間当たりの収入が少なくなってしまうからです。

比較的、良心的な料金でコンサルティング業務を行なっている私にとって、やや割高感のある遠方の単発コンサルティングはあまり乗り気にはなれなかったのです。

それでも、大手コンサルタント会社のコンサルタントに割高な料金を請求されているお客様を見たとき、私がスケジュールを取れる範囲なら少しずつでも引き受けていこうと決心しました。

今まで、遠方のお客様を何度もお断りしてきましたが、「このままではいけない」と反省するようになり、少しずつ引き受けるようになったのです。

## 3章

# あなたの年収アップを妨げている「10の壁」

# 年収アップに対する「意欲不足の壁」

世の中には、「強く願い続ければ実現する」という法則があると言われていますが、たしかにそのような傾向はあります。

たとえば、毎日「年収２０００万円を超えてみせる」と願い続けている人と、そうでない人の場合、どちらが先に年収２０００万円に到達する可能性が高いかと言うと、恐らく前者だろうと多くの人が予想するはずです。

このように、「強く願い続ければ、実現する可能性は高くなるのだろう」と薄々感じつつも、なかなかそれができないのはなぜでしょうか？

ひと言で言ってしまうと、「金銭に対する欲が足りない」ということに尽きると思います。

「無理してがんばって、お金持ちになんかならなくてもいい」

「毎日、一所懸命がんばるのは疲れる。普通に生きられればいい」

という考え方で生きているからです。

「欲がないのだから仕方がない」と言ってしまえばそれまでですが、あっさりと収入アップの可能性を捨ててしまうことは、実にもったいないことです。

それでは、年収アップに対する強烈な願望が持てるようになるためには、どうしたらいいのでしょうか？

次の三つの方法で、自分の心に火をつけることを試してみてください。

ひとつ目は、「自分に与えられた逆境をうまく利用する」という方法です。

人は、辛い思いや悔しい思いをすると、それが自然と深く心に刻み込まれるものです。

危機的な状況や極度に不安な状況を体験すれば、それを回避したいという本能が働きます。

これらの気持ちをバネにして、自分への誓いに変えるのです。

誰でも、多かれ少なかれ逆境は体験しているはずです。それをおおいに利用してください。

「もう、こんな辛い思いや悔しい思いをしたくない、絶対に収入アップしてみせる！」と誓えばいいのです。「この危機的な状態はまずい。このまま行ったら、とんでもないことになる。絶対に収入アップしてみせる」と、心に誓うのです。

私自身も、逆境を利用できたからこそ今があるのだと思います。

父の会社が倒産して自宅を失い、同居していた私も一緒に家を出ていかなければならなくなったこと、長男である私への借金の督促などが、初めての大きな逆境でした。

また、どうしてもマイホームがほしくて、思い切って手に入れてみたものの、２５００万円ものローンを抱えてしまったことは私にとって逆境でした。

このような逆境があったからこそ、自分の心に火をつけることができたのです。

「マイホームを取り戻す」、「無借金になる」、「経済的に安定した平和な家庭にする」という目標ができ、収入アップに対する強い願望を持つことができたのです。

二つ目は、「自分の思いを紙に書く」という方法です。

「何かを手に入れたい」、そのためにも「年収アップを実現したい」と思ったとしても、その思いは時間の経過とともに、少しずつ薄れていってしまいがちです。

自分の思いをより強いものにするためには、「繰り返し思う」ということが効果的です。自分の思いを紙に書いて毎日眺める、毎日唱和する、毎日願うことで、その思いを強めることができるようになります。

私自身もこの方法をおおいに活用し、自分の心の火を消さないように努力しました。

三つ目は、「身近に目標となる人を見つける」という方法です。

自分を取り巻く人脈の中で、自分より活躍している人、自分より年収が高い人が必ずいるはずです。

それらの人の中から、目標となる人を見つけ、「必ず追い越してみせる」と決心することで心に火をつけることができます。

人には、多かれ少なかれ本能的に競争心が備わっています。その気持ちを利用するのです。身近な成功者を発見したら、羨んだりあきらめたりするのではなく、「自分もそうなる。そうなってみせる」と素直に思えばいいのです。

年収アップに対する強烈な願望がある人は、すでに成功への第一歩を歩きはじめていると言っていいでしょう。

もし、あなた自身の年収アップに対する意欲が足りないのであれば、まずはその壁を突破する必要があります。私が紹介した三つの方法を試して、自分の心に火をつけるようにしてください。

## 「どうせ無理」と決めつけている「潜在意識の壁」

人はそれぞれ、無意識のうちに、「自分の年収はこの程度」という潜在意識の壁を作っています。これは、自分の無限の可能性を自ら閉ざしてしまうことであり、実にもったいないことです。自分の年収を、あまり低いレベルに決めつけるべきではありません。

高い年収目標に対して、「本気でそうなれる」と思っている人と、「どうせ、無理だろうな」と思っている人との結果の差は歴然としています。

ですからまず、「どうせ、無理だろうな」と決めつけている、自分の心の改革に挑戦しなければなりません。

あなたの心の状態はいかがでしょうか？

「どうせ無理だろう」と思っているから達成できない。達成できないから、「どうせ無理だろう」という思いがなおさら強くなってしまう、という悪循環に陥っていないでしょうか？

勇気を持って、その壁を打ち破ってみてください。自分の理想の年収を描き、その達成に向けて仕事に全力投球してみることです。

本気で仕事に打ち込めば、小さな成功が手に入ります。その小さな成功を積み重ねていってください。少しずつ、自然に自信がつきはじめるはずです。

やがて、その自信は自分の心の潜在意識の壁を少しずつ打ち破っていきます。

「どうせ、無理だろうな」から、

「ひょっとしたら、自分にもできるかもしれない」
「自分にだって、できる可能性がある」
「きっと、自分にもできる」
「自分にだって、絶対にできる」
というように、意識のレベルアップが実現していきます。

潜在意識の壁を打ち破って目標水準を引き上げていくことは、一歩ずつでかまいません。いきなりレベルを上げすぎる必要はないのです。

最初から大きな目標を自然に描ける人はいいのですが、普通の人は現実と目標とのギャップが大きすぎると、達成イメージがうまく描けず、かえってやる気をなくしてしまうことがあるからです。

たとえば年収３００万円の人は、「来年は年収１０００万円に挑戦しよう」とは、なかなか思い描くことができません。

ですから年収３００万円の人は、４００万円の目標からでもかまいません。

あるいは、「５年間かけて１０００万円にしよう」というレベルでも十分です。

それぞれの人が、それぞれのレベルに応じて潜在意識の壁を突破できればいいのです。

「どうせ無理だ」とあきらめている状態からは、何としても脱出してください。

「きっと、自分にもできる」という思いを抱けるように、心を改革していきましょう。

## ついつい怠けてしまう、「行動力不足の壁」

人一倍努力できる人、努力を長期間に渡って継続できる人は、やがて収入アップが実現していきます。

逆に、あまり努力しない人、努力を長期間に渡って継続できない人は、いつまで経ってもなかなか収入アップを実現することはできません。

自分では努力、行動しているつもりでも、自分の毎日の行動を冷静に反省してみると、かなり怠けている自分自身に気づくはずです。

私語が多い、休憩時間が長い、動作が遅い、知恵を出そうとしない、実質労働時間が短い、長時間テレビを見る、ダラダラと酒を飲むなど、時間の無駄遣いをしていることが少なくないはずです。

人より、少しぐらい働いているからといって満足しているようでは不十分です。毎日が、一所懸命に行動することの連続でなければなりません。決して気を緩めることなく、一瞬一瞬の仕事に全力で打ち込んでください。誰にも負けずに働いているという状態を、少なくとも3年間は続けてみてください。

これができれば、ほとんどの人の年収は上昇していくはずです。

「そんなことを言っても、それができないから困っているんじゃないか。楽してうまくいく方法を教えろ」という声が聞こえてきそうですが、残念ながら、そんな方法はありません。

収入アップを実現させ、しかもそれを長続きさせるためには努力を続けるしかない、行動力を高めるしかないのだと、覚悟を決めるべきです。

私自身も普通の人間ですから弱い部分もあります。その弱さを克服するため、次のようなことを心がけて行動力アップに努力しました。

たとえば、嫌な仕事、苦手な仕事、面倒な仕事が発生したときなどは、ついつい後回しにしたくなります。

ここでグッと我慢して、「どうせしなければならない仕事なら今やってしまおう」と思い直してすぐに取りかかるようにしました。

そうすると、後回しにした場合に比べて、よいことを二つ発見することができました。

ひとつは、時間の節約になるということです。仕事を受けた直後が、一番記憶がしっかりしています。記憶がしっかりしているうちに、その場で処理してしまうということは、後で思い出す手間が省けるため、結果として仕事の時間節約につながったのです。

もうひとつは、気分がスッキリするという効果です。後回しにすると、嫌な仕事、苦手な仕事、面倒な仕事ばかりがたまっていき、しだいに気が重くなるものです。

それをサッサと片づけてしまえば、心が軽くなって目の前の仕事にも集中しやすくなり、結果として仕事の効率が上がります。

「今すぐやる」、「後回しにしない」という仕事の習慣は、私の行動力を高めるのに大いに役立ちました。

行動力を高める手軽な手段として、「体を動かすスピードを速くする」という方法にも取り組みました。

歩くスピード、作業するスピード、手を動かすスピード、書くスピード、話すスピードを速くすることによって、結果的に行動力が高まったように思います。

日頃の動作がゆっくりしている人は、少し気をつけたほうがいいかもしれません。

行動力を高める手段として、「悩む時間を減らす」という方法にも取り組みました。

最も効果的な方法は、紙に書きながら考えるという方法です。

頭の中だけで考えていると、考えが堂々巡りしてしまうことがあり、悩む時間が長くなりがちです。

そんなとき、「具体的な対策を思いつくまま紙に書き出し、その中からベストと思われるものを選ぶ」という方法によって、行動力を高めることができました。

さらに、「行動しているつもりでも、あまり行動していない」という現実に対して、どのようにして自分を高めていったのかと言うと、ひとつは行動予定表を作り、行動を予定通りに実行するということを、繰り返し行なうようにしました。

もうひとつは、行動を毎日記録することによって自分自身の行動量を知り、手抜きをしないように気をつけるようにしました。

この他にも、行動力を高める方法はいろいろあります。自分が取り組みやすい方法でかまいません。行動力を高め、「行動力不足の壁」を突破してください。

# 「仕事に自信が持てない」という「自信の壁」

自分の仕事に自信が持てない状態で仕事をしていると、仕事はなかなかうまくいきません。また、自信を持って仕事をしているかどうかは、自然に相手に伝わってしまうため要注意です。

収入アップを願うなら、まず自分の仕事に自信が持てる状態を作り出すことが大切です。人は、自信のある人に引きつけられるという傾向があります。

自信たっぷりな人は、相手に安心感や信頼感を与えることができるため、仕事がどんどん入ってきます。

逆に、自信が持てない状態で仕事をしていると、相手に不安感や不信感を与えることになるため、仕事が入らなくなってしまうのです。

それでは、自分の仕事に自信が持てるようにするためには、どうしたらいいのでしょうか？

まずは、目の前の仕事に集中して一所懸命に打ち込んでみることです。一所懸命に努力をしていれば、あなたを認めてくれる人が表われてくるはずです。その人からもらったほめ言葉を心の支えにするのが非常に効果的です。

また、一所懸命に仕事をしていると、「うまくいった」、「いい仕事ができた」という小さな成功が生まれますから、その体験を大切にしていってください。

小さな成功体験を繰り返し積み重ねることで、たしかな自信が芽生えてきます。うまくいったことが、自然に心に刻みつけられていきます。

ですから、一所懸命に仕事に打ち込むことが何よりも大切であり、自信を身につけるためのスタートラインとなります。

また、目の前の仕事を、最後まで一所懸命やり通すことです。努力しているのに、仕事がうまくいかず自信を失いかけることもあるかと思いますが、気持ちを切り替えて、がんばって最後までやり通してみてください。あきらめずにやり通すことができれば、それも立派な成功体験です。

やり通すことができたという経験は、あなたにたしかな自信を与えるはずです。

自信たっぷりな人になって、他人をどんどん魅了していってください。

すると、仕事がどんどん入ってくるようになるはずです。

# 「よいオーラ」を身につけよう

人に会ったとき、「この人、何となくさえない人だなあ」と思ったことはないでしょうか？　第一印象がパッとしない人は、それだけで不利になってしまいます。

逆に、「この人は何となくすごそうな人だなあ」と思ったことはありませんか？「すごそうだ」というオーラを感じさせる人は、それだけで有利です。あなたは、どちらのタイプに近いでしょうか？

努力を積み重ねて、後者のタイプになるように自分自身を磨くことをおすすめします。「性格だから仕方がない」とあきらめるべきではありません。できることから、一歩ずつ取り組んでいきましょう。

第一印象がパッとしない人には、次のような特徴があります。

・表情が暗くて、何となく人相が悪い

・顔色があまりよくない。健康的でない感じがする
・声が小さくてトーンが暗い
・服装や髪型に清潔感がない
・挨拶の感じが悪い
・場の雰囲気が読めず、言動が無責任。自己中心的な感じがする
・自分が言いたいことを、ひと言で伝えることができない（説明が回りくどくて要領を得ない）
・相手の話をしっかりと聞くことができず、相手の気持ちを察することができない
・仕事に打ち込んでいることが伝わってこない。仕事の実績が見えない

逆に、「すごそうだ」というオーラを感じさせる人には、次のような特徴があります。

・表情がよい。笑顔があり明るい
・顔色がよくて健康的
・声が大きくてトーンが明るい
・服装や髪型に清潔感がある

・挨拶の感じがよい
・自分が言いたいことをひと言で伝えることができる
・コミュニケーション上手で、双方向の会話がスムーズにできる
・仕事に打ち込んでいることが伝わってくる。得意分野、専門分野が明白で、優れた実績をはっきりと伝えることができる

これらの特徴が、ひとつでも多く身につくよう、毎日演技を続けていきましょう。

第一印象がよい人、すごそうだと感じさせるオーラのある人になることができれば、見込客が好意を抱いてくれるようになり、多くのチャンスが舞い込んでくるようになります。

## 「信用の壁」をどう突破するか

あなたは、お金を払って仕事を依頼するとき、何を基準に、頼む会社や個人を選びますか？

私自身は、「信用できる会社か」、「信用できる人物か」、「評判がよく、人気のある会社か」、「社員が親切で熱心か」、「十分に期待に応えてくれそうか」ということを基準に依頼先を選んでいます。

恐らく多くの人は、私と似たような判断基準で、仕事の依頼先を決めているはずです。「料金が安いことを基準に決めている」という人であっても、実は一定以上のサービスの品質が保証されているということを期待しているはずです。

「この会社なら大丈夫」、「この人なら大丈夫」という前提条件があるのではないでしょうか。

したがって、「信用できない」と思われている間は、まず仕事の依頼が来ることはありません。信用できない会社、信用できない人物には、誰も近寄ろうとしないからです。

仕事を増やすためにも、お客様を増やすためにも、「人から信用されるようになる」と決意することが大切です。

では、人から信用され、楽々とお客様を増やすようになるには、どうしたらいいのでしょうか。

当たり前のことですが、まずは現在のお客様の満足度を高めるよう、精一杯の努力をすることです。

お客様との約束を守る。お客様の期待に応える。お客様にメリットを与えることに全力を尽くすのです。

満足度の高いお客様はファン客となり、次のお客様を紹介してくれるようになります。クチコミや紹介でお客様が増えていくというのは、オーソドックスな方法ですが非常に効果的です。

「自分を信用してもらう」という最も難しいことを、他人がやってくれるわけですから助かります。

まずは、ファン客の力を借りて「信用の壁」を突破するようにしてください。

また信用されるためには、「詳細な情報をギリギリまで公開する」という方法も効果的です。見込客が知りたいと思うような情報を、できる限りくわしく公開するのです。

自分の素性（プロフィール）、会社の概要、仕事の実績、具体的な仕事内容などを、くわしく正直に伝えるようにしてください。そのためには、ホームページ、ダイレクトメール、ビデオテープなどもおおいに活用するべきです。

相手のメリットになるような具体的な資料を提供してあげることができれば、信用力はさらに高まります。

見込客が本当にほしがるような資料や知恵を、セミナーなどで提供するようにしてください。できる限りギリギリまで公開し、どうしても公開できない核心部分だけは見せないようにすればいいのです。

また、信用されるための手段として「相談窓口としての立場を手に入れる」ということも効果的です。相談窓口として認めてもらい、いろいろと相談を受けるようになったらしめたものです。信用力が高まりつつある証拠です。

積極的に人脈を強化して、相談相手、相談窓口という立場を手に入れるようにしてください。広い人脈を持つキーマンを味方につけておくと相談件数が増え、自然にお客様が増えていくはずです。

## 「相手が満足するような会話ができない」という「コミュニケーションの壁」

専門能力がありながら、低い収入しか得られていないとすると、その原因のひとつは、「営業能力が不足している」ということです。

営業能力の高い人は、多少専門能力が劣っていたとしても、次々にお客様を増やしていくため、収入がアップしていきます。

ところで、営業能力が不足している人とは、どのような人でしょうか？

さまざまな要因があると思いますが、「相手が満足するような会話ができない」という「コミュニケーション能力の欠如」は、決定的な要因のひとつです。

あなたは、人との会話で次のように思ったことはないでしょうか？

1 「私の質問とは違う答えが返ってくる。ピントのずれた人だなあ。私が言ったことをまったく理解していない」

2 「ペラペラと一方的にしゃべる、感じの悪い人だなあ」

3 「この人、自分のことしか頭にないんじゃない？　これじゃあ、まともな会話ができないよ」

4 「結局、何が言いたいの？　何を言っているのか全然わからない。もう少しわかりやすく言ってよ」

5 「興味ないよ、そんな話。つまらないし、何の得にもならない」

6 「何だか感じ悪いなあ、この人。もう少し、感じよく話せないのかな」

コミュニケーション能力が不足していると、相手にこのように思わせてしまうことが多くなるため要注意です。

コミュニケーション能力が欠けている人は、相手が満足するような会話ができないため相手から嫌われ、せっかくのチャンスを失っていきます。嫌われてしまえば仕事は入らなくなり、お客様も増えません。

ぜひとも、コミュニケーション能力のレベルアップに挑戦してください。

まずは、

・笑顔で、明るく感じのよい声で挨拶をすること
・相手が興味のあるテーマを話題にすること
・相手の気持ちを第一に考え、相手が喜ぶような会話に徹すること
・話を聞くときは、相手の話をうなずきながら熱心に聞き、相手に気持ちよく話をさせてあげること
・質問には的確に答え、自分が話をするときは、短くわかりやすく伝えること
・明るい声で感じよく話すこと

すべて当たり前のことですが、これらができていない人に限って、自分ができていないことに気がつかないものです。そのため、いつまでたってもうまくいかないのです。

しかし、聞き上手になれたらしめたものです。相手の気持ちを察することができるようになれたら、仕事はどんどんうまくいくようになるでしょう。

## 「忙しい割には儲からない」という「時間生産性の壁」

お客様の数が少なく仕事も少ないうちは、暇な時間が多くなります。暇な時間帯はまったく利益を生まないため、暇な時間帯が少なくなるようにお客様の数を増やし、仕事の量を増やしていかなければなりません。

ある程度、お客様も増えて仕事の量が増えてきたら、次に考えなければならないことは、「時間生産性を高める」ということです。

わかりやすく言うと、1時間当たりに稼ぐ粗利益額を高める、ということです。要するに、割のいい仕事を増やしていくということです。

忙しいのに儲からないという状況は、極力減らしていかなければなりません。無料サービスが増えたり、安い料金の仕事を長時間かけて行なっていると、そのような状況になってしまいます。

また、高い料金をいただいたとしても、時間を多く取られすぎてしまうと、１時間当たりに換算した場合、割に合わなくなってしまいます。

たとえば、50万円の料金をいただいたとしても、トータルで１００時間投入してしまうと、１時間当たり５０００円にしかなりません。10万円の料金であってもトータル５時間しか投入していなければ、１時間当り２万円の仕事となり、こちらのほうが割がよい仕事ということになります。

時間は重要です。

仕事を受けるときは、いただく料金と投入する時間とのバランスを十分に考慮するべきです。

次のような視点で、顧客層の入れ替えと仕事内容の入れ替えを少しずつ進めていくようにすると、徐々に儲かる体質になっていくことでしょう。

**1　提供しているサービスの価値を十分に認めてくれる、支払いのいい客層を増やすこと**

**2　割のいい料金がいただける仕事を増やすこと**

**3　短時間で満足していただける仕事を増やすこと**

4　短時間で処理できる仕事を増やすこと
5　パートでも処理できる仕事を増やすこと
6　ライバルが多く、価格競争が激しい仕事は減らしていくこと

割のよい仕事が増えれば増えるほど、収入はアップしていきます。割のよい仕事を得られるチャンスに恵まれるように、自らのレベルアップに挑戦し続けることが大切です。

## 「期待通りの成果を生み出すことに成功する」という「成果の壁」

どのようなタイプのコンサルティングを行なうにせよ、「明らかな成果が出た」とお客様に認識してもらうことができれば、コンサルティングの価値は高まります。その結果、お客様の満足度は高まり、長期間に渡って取引が継続していきます。

明らかな成果を生み出した実績が多ければ多いほど、自分の仕事に対する自信が深まり、料金の設定も適正な金額で行なうことができるようになります。

また、人気も高まっていくため、順調にお客様を増やすことができるようになっていきます。

したがって収入アップを目指すなら、明らかな成果を常に生み出し続けていかなければなりません。

明らかな成果が出たかどうかは、取り組み前と取り組み後で何がどう変わったのかという記録を残しておくことで確認することができます。ですから、常に記録を取り続けていくことをおすすめします。

売上高、経常利益、人件費など、試算表や決算書で確認できる部分は、それを見せてもらえばすみますが、各企業が独自に追求している数値目標などについては、別途業績管理表を作成し、毎月その結果を記録していく必要があります。

お客様と一緒に設定した数値目標が達成されていくのを、業績管理表などで毎月一緒に確認することができれば、お客様も成果が出たことを認識してくれるようになります。

また、数値がよくなっていく状況、数値目標が達成されていく状況を共有できるのは、とてもうれしいことであり、仕事のやりがいにもつながります。

ですから、毎回のコンサルティングで、どのような成果が生まれてきているのか、記録を取り続けるようにしてください。

特定の数値目標にこだわって記録を取り続けることで、成果を生み出そうという意欲が加速され、徐々に成果が生み出されるようになっていきます。

そうは言っても、場合によっては、なかなか明らかな成果が出ないときもあります。そんなときでも全力を尽くし、プロとしてコンサルティングの成功率を上げていく努力が大切です。粘り強い取り組みによって、何らかの成果を生み出すように努力してください。

ただし、まだあまり自分自身の能力に自信がない段階では、業務を成功させる確率を高めるためにも、成功する可能性が高い仕事を選んで引き受けたり、成功しそうな経営者を選んで引き受けたほうがいいでしょう。

「コンサルティングの成功率が高くなるような仕事の受け方をする」ということが、意識的にできるようになれば、実際の成功率も上がっていくはずです。

## 「取引が長続きしない」という<br>「取引期間長期化の壁」

取引が長続きせず、1年以内に終了してしまうというのは、結局のところ、お客様の満足度が十分ではなかったということになります。

費用対効果で見た場合、費用のほうが高いと思うから、あるいは相手から得るものがあまりないと思うから取引を中止するのです。

ですから常に、費用を上回る成果を与え続けなければなりません。

相手に与えるものを、次から次に提案していかなければなりません。

つまり、取引を長続きさせるには、自分自身の実力を伸ばし続けていくしかないのです。

「それができないから困ってるんじゃないか。何か、もっといい方法を教えろ」

と思われる方のために、いくつかのアドバイスを差し上げたいと思います。

**・第一印象のよい波長の合うお客様を大切にする**

親友とのお付き合いは、一生涯におよぶことがあります。お客様も同じです。

本当に波長が合えば、親友のようになれるし、一生のお付き合いができるような雰囲気になっていきます。お互いに好意を抱けていれば、取引は長続きするものです。

**・お客様の苦手分野を知り、助けてあげる役割を担う**

お客様の苦手分野を、はっきりとつかむようにしてください。そして、その分野に狙いを集中して助けてあげるようにしたいものです。あなたがいないと困る、と言われるように徹底的に楽にしてあげてください。お客様はきっと、あなたを手放せなくなるはずです。

**・誰よりも、お客様の気持ちがわかる人になる**

自分の気持ちを、誰よりもよく理解してくれる人、いつでも味方になって助けてくれる人、ピンチのときも励まし勇気づけてくれる人がいたら、本当にありがたいことです。

経営者は、心から信頼し相談できる人を求めています。お客様の気持ちが、誰よりもわかるようになれば信頼は深くなり、取引は長続きするようになります。

**・どんなときでも、明るく元気に振る舞う**

人は、明るく元気な人に会いたいと思っています。また、ツキのある人と付き合いたいと思っています。あなた自身が、明るく元気にニコニコ楽しそうにすごしていれば、まわりの人に、エネルギーを分け与えることができます。

「あなたに会うと元気が出る」、「あなたに会えないと寂しい」と言ってもらえるようになれば、取引は長続きするはずです。

**・お客様の繁栄を心の底から願う**

自分の利益よりお客様の利益を優先させ、お客様の繁栄を心の底から願い続けるようにしてください。心からの願いは、必ず相手に伝わります。自分の繁栄を心の底から願い、全力で支援してくれる人がいたら、あなたはその人を手放せるでしょうか？

以上、五つのアドバイスの中に、あなたが取り組めそうなことはあったでしょうか？試しに実行してみてください。少しずつ取引が長続きするようになっていくはずです。

# 4章

# 年収アップを目指すコンサルタントへのアドバイス

# 独立するために、最も大切な準備とは

独立するための準備の中で、最も大切な準備とは何でしょうか？

これがわかるかどうかが、成功する人かどうかを見きわめる最大のポイントです。

それは、

1　自分自身の固定客を作っておくこと。独立と同時に、自分を使ってくれる固定客を5社以上作っておく

2　新規顧客を獲得する手段を身につけておくこと。新規顧客を獲得するルートを押さえておく

極端な話をすると、この2点を押さえておけば食べていくのに困ることはありません。

逆に、この2点を押さえていない人は、いずれお金に窮してサラリーマンに逆戻りする

可能性が高いと言えます。

経営コンサルタントとは言っても、普通の商売と同じです。顧客づくりこそ、最も大切な事前準備なのです。もちろん、専門性を高めるためのノウハウの修得も大切な前提条件ですが、事前にノウハウを完璧に学んでおくことなどできるはずがありません。

ある程度のノウハウを身につけたら、学ぶことよりも売ること、顧客を作ることに力を入れたほうがいいのです。売りながらでも、業務をしながらでも、ノウハウのレベルアップに挑戦するのです。

これ以外のことは、それほど心配する必要はありません。コンサルティングの体験さえ積んでおけば何とかなるでしょう。

たとえば、「事務所を、自宅にするのか借りるのか？」という迷いなどは小さなことです。十分な売上げが、最初から確保されていれば借りればいいし、売上げがわずかなら自宅でスタートすればいいのです。

「研修やセミナーを事務所でやろうか、会場を借りてやろうか」という迷いも、参加人数や予算に応じて、ケースバイケースで決めればいいことです。

また、その他の準備として次のことに取り組んでおくことをおすすめします。

1　相手の立場に立って、物事を考える力を身につけておく

2　明るい表情で、顧客に元気と勇気を与えられる存在になれるよう、自分自身を磨いておく

この能力がないと人から嫌われてしまうため、いくら専門知識があっても仕事を取ることはできません。たとえ、運よく仕事にありつけたとしても、取引が長続きしません。経営コンサルタントは、自分自身が商品の一部であるということを忘れてはなりません。

## お金になるニーズに集中しよう

仕事がうまくいっていない人に見られる特徴として、「絞り込みができていない」ということがあげられます。まず、客層が絞り込めていません。客層の絞り込みをせずに、手当たりしだいに売ろうとしても売れるわけがありません。

経営コンサルタントとして成功したいのであれば、少なくともひとつは得意とする業種を持つべきです。

私が最も得意としている業種、すなわち客層は「歯科医院」です。歯科医院に特化することで、楽々と売上げを伸ばすことができました。

あなたは客層を絞り込み、その客層だけを意識したアピールの仕方をしているでしょうか？　これがきちんとできている人は、それなりに稼いでいるはずです。

さらに、もうひとつ大切なことがあります。客層を絞り込むと同時にするべきこと、それはお金になるような欲求（ニーズ）を見きわめ、絞り込むことです。

その客層が抱えている欲求の中で、最もお金になりそうな欲求に狙いを定めてアピールすることが大切です。

「この客層は、こういうことに困っているから、その問題をこういう方法で解決してあげればお金になる」――このようなイメージができていれば合格です。

見込客の持つ欲求の見きわめと絞り込みができている人は、見込客を強烈に引きつけます。楽々と契約して、どんどん換金していくため、稼げる人になれるのです。

その一方で、お金にならないような弱い欲求（ニーズ）に狙いを定めて仕事をしている人は悲惨です。無料サービスを強いられたり、お金がもらえたとしても、低料金で割に合わない仕事になります。値上げをすれば、お客がいなくなってしまいます。

要は、稼げないのです。


あなたは、儲かる客層に集中していますか？

あなたは、儲かる業種に集中していますか？

あなたは、儲かる欲求（ニーズ）に集中していますか？

自分がしている仕事を、もう一度見つめ直してみましょう。


「私の主要顧客層は○○です。この顧客層は支払いのいい顧客が多い」

「私の得意分野とする業種は○○です。この業種についての指導なら地域№1です」

「私の専門は、顧客の『○○してほしい』という強い欲求に対応し解決してあげることです」

このように宣言してみましょう。宣言し続けることで、不思議とそのようになっていくものです。

これからは、「何でもお任せください」と言うことはやめましょう。

「○○分野で、○○のことなら私にお任せください」と、自信を持って言うようにしましょう。

「○○のことなら、○○という専門家がいるよ！」そんな評判が立つように集中していきたいものです。

## 新規顧客を紹介してくれる人脈を大切にする

経営コンサルタントとして安定的に稼いでいくためには、絶対に押さえておかなければならない二つのポイントがあります。

ひとつは、安定的に新規顧客が獲得できるような、新規客の発生源を持つことです。もうひとつは、一人ひとりのお客様に、できる限り長期間の取引をしていただくこと、できれば5年以上のお付き合いをしていただくことです。

この二つがバランスよくまわっている間は、不安感のない安定的な経営を続けていくことができます。私自身がある程度うまくいっているのも、この2点をしっかりと押さえているからです。

ところで、どのようにすれば新規客の発生源を持つことができるのでしょうか？　この点に関して、私が最も気をつけていることは、

**「新しい顧客を紹介してくれる人脈を一番大切にする」**

**「新しい顧客を紹介してくれるファン顧客を一番大切にする」**

ということです。

当たり前のことのようですが、これが基本です。コストをかけずに新規客が増えるというのは、効率よく稼ぐことにつながります。

そのため、新しい顧客を紹介してくれる人に対しては、最大限のエネルギーを注ぎ、いつまでも繰り返し紹介がもらえるようにしておかなければなりません。

もし、紹介してくれる人が1人もいないとするなら、あなたの提供するサービスに顧客が満足していない証拠です。もう一度、仕事の原点に戻って、自分が提供しているサービスが、料金以上の満足度を顧客に与えているのかどうか、見つめ直してみる必要があります。

全力で仕事に打ち込み、熱意を持ってサービスを提供するなら、必ずファン顧客が生まれ、紹介が生まれていくはずです。

## 提案営業を成功させるポイントをマスターし、実践しよう

経営コンサルタントとして稼いでいきたいなら、自分自身の営業力、とくに提案営業力をレベルアップしておく必要があります。

提案営業が上手にできるようにするためには、契約を急ごうとしてはなりません。

まず、第一にするべきことは、**見込客に対して質問をしてみること**です。

最も興味を示してもらえそうな質問、相手が最も食いついてきそうな質問を三つぐらい準備しておき質問してみてください。見込客が心から求めていることに関する質問であれば、かなりの確率で答えてもらうことができるはずです。

第二は、**見込客の話を聞くこと**です。

見込客が質問に少しでも答えてくれたら、決して相手をさえぎることなく熱心に話を聞いてください。聞き役に徹することで、見込客の欲求や要望、関心の度合がわかってくる

はずです。

第三にするべきことは、**見込客の欲求や要望をつかむこと**です。

見込客が抱いている強い欲求は何なのか？　心から望んでいる要望は何なのか？　話を聞きながら、これらをしっかり把握していかなければなりません。

本当に困っていることや強く求めているものが何かがわかり、見込客にとっての緊急性が確認できれば、契約できたも同然です。

第四にするべきことは、**見込客の欲求に応じた複数の提案を行ない、選んでもらうこと**です。

見込客の欲求を満たす提案内容を二つ～三つ考え、見込客に選んでもらうようにすれば、商談は自然に成立します。

仮に、提案内容通りに合意できなくても、提案内容を修正すれば合意できる可能性は高くなります。

以上、1～4の手順で提案営業を行なえば、営業効率は格段によくなるはずです。

## 1　質問する

2　話を聞く
3　欲求をつかむ
4　欲求に応じた複数の提案をし、選んでもらう

この単純な手順をマスターするだけで、提案営業力のレベルアップを図ることができます。その結果、押し売りすることなく、またお願いをすることなく、商談の成約率を高めることができるようになるのです。

最後に、実務上の留意点ですが、もし見込客から、「とりあえず見積書を出してください」、「とりあえず、提案書を出してください」と言われたら気をつけてください。

この言葉に無条件で対応すると、時間を奪われ、ムダが発生する確率が高くなるため注意が必要です。

まず、相手が本当に依頼しようとしているのかどうか、その感触をつかむことが大切です。その場で、口頭で内容をすり合わせ、ほぼ合意ができてから、見積書や提案書を出すようにしたほうが効率は高まります。ほぼ合意に達したところで見積書や提案書を出すようにすれば、商談の成約率が高まり時間のムダが減っていきます。

## ヒアリングから契約に至るまでの流れの作り方

私は、新しい仕事を獲得するときは、ほとんどの場合、トップのヒアリングから入ります。私は、いったい何のお手伝いをすればいいのか、そのポイントを見きわめるために、トップのヒアリングを十分に行ないます。

何を求めて相談を持ちかけてきているのか？

どのような問題解決や成果を欲しているのか？

メモを取りながらヒアリングを続け、途中途中で話の内容を確認しながらポイントをまとめていきます。

そして、相手がすべてを話し終えたら、こちらのメモに基づいて相談の主旨、相手が求めている問題解決の内容、成果などを声に出して読みながら再確認していきます。

このとき、話の流れをよい方向に持っていくコツは、自分ができること、できそうなことを中心に内容を再確認していくことです。

経営コンサルタントと言っても、その中身はさまざまで、何が得意なのか、何が専門なのかによってヒアリングの仕方、メモの取り方が変わってくるはずです。

われわれ経営コンサルタントは、自分の得意分野、専門分野が生かせるような質問やヒアリング、メモをしたうえで、自分ができること、できそうなことを中心に内容を再確認することが重要です。

実際のところ私自身、話の内容を再確認する際、自分が自信を持ってお手伝いできそうな業務内容を一つひとつ確認していきます。そのようにすれば、相手にも自信が伝わるため、相手の不安が自然に軽減され、「正式に依頼してみようかな」という気持ちに傾いていきます。

このとき一番大切なことは、口頭で大枠での合意に至るところまで進むことです。

私は、自分が書き残したメモをもとに、口頭で相談者が求めている内容の確認を取り、口頭で仕事の受注に関する大枠での合意を得るようにしています。

なぜなら、ここで合意の感触が得られなければ、後で契約にならない可能性が高いことを今までの経験上知っているからです。そのため、大枠での合意の感触が得られた後、契約書で内容を詰めて契約するようにしています。

この流れにしたがうと、契約はスムーズに行なわれ、ムダな時間を奪われることが少なくなります。

「相談は受けるのだが、なかなか個別の契約にまで至らない」という人は、口頭で合意の感触を得るところまで進みきれていないのです。合意の感触を探るために、テストクロージングをかけてみることをおすすめします。

たとえば、**「月々5万円の料金でお手伝いすることができますが、いかがですか?」**

あるいは、**「月々10万円の予算を取ることができますか?」**など、テストクロージングをかけてみると、だいたいの感触がわかり、合意の目安を確認することができるようになります。大枠での合意ができてしまえば、後は簡単です。

## 「これはいける!」という直感が得られたら、すぐに動いてみる

「こんなふうにしたら、うまくいくのではないか?」という直感が動いたとき、あなたはどうしていますか?

そのときがチャンスです。さっそく、試してみることをおすすめします。「これはいける!

うまくいきそうだ」という直感は、当たる場合が多いからです。

たとえば、次のような直感です。

「この会社に転職すれば、経営コンサルタントとしてキャリアアップできそうだ」

「この人物との付き合いを大切にすれば、顧客が増えそうだ」

「今なら、独立しても成功できそうだ」

「小冊子を作るのにお金がかかるが、これを出版社に送れば本として出版してもらえそうだ」

「歯科医院の経営コンサルティングに特化すれば、顧客を増やせそうだ」

「ダイレクトメールを打つのにお金がかかるが、黒字にすることができそうだ」

「ソフトウェアを導入するのにお金がかかるが、3年以内に元が取れそうだ」

私は、これらの直感にしたがって行動し、ある程度の成功を収めることができました。

ですから、どんなに小さな発見でもかまいません。何かに「ハッ！」とし、「これはいける！」という直感が得られたら、すぐに行動に移してください。行動することによって、さまざまなことが見えてくるようになります。

そして、少しずつ成果が生まれてくるはずです。何もしないリスク、行動しないリスクのほうが、はるかに大きいことを再確認してください。

気力と体力と知力が残されているうちにどんどん行動し、次のステージにランクアップしていきましょう。

## 成功パターンを発見し、繰り返す

黒字が確実となるようなパターンを発見したとき、年収は確実に上昇していきます。

私も、次のような成功パターンを発見したことで、年収を上昇させることに成功しました。

**1　紹介による新規顧客増加パターン**
多くの取引先を持つ1人のファン顧客が、次々に新しい顧客を紹介してくれた。

**2　セミナー開催による新規顧客増加パターン**
セミナーを開催するたびに、顧客を増やしていくことができた。

**3　セミナー開催による黒字増加パターン**
セミナーを開催するたびに、セミナーだけで黒字を上乗せすることができた。

## ４　ＤＭによる黒字増加パターン

ＤＭを出すたびに一定の比率で申込みがあり、黒字にすることができた。

わずかな黒字でもいいから、成功したパターンはスピーディーに繰り返していくことを心がけてください。

たとえば、30万円の費用をかけて50万円の売上げを上げることができたとします。差し引きわずか20万円の利益ですが、同じことを10回やれば２００万円の利益、１００回やれば２０００万円の利益になります。

現実問題としては、時間的制約があるためそう簡単にはいきませんが、成功パターンをスピーディーに繰り返し行なうだけで、間違いなく利益水準は上昇していきます。

成功パターンを発見したら、そこにお金と時間を集中的に投下して成功パターンを繰り返すのです。成功パターンを、短時間で繰り返すことができる体制を作ってしまうことです。パターン化すると、本当に楽になります。

稼げない人は成功パターンを発見して、そこに集中するという発想が弱いようです。１回限りの仕事に振り回され、そのつど時間を浪費しています。

私もかけ出しの頃は、単発の仕事でも喜んでやっていました。繰り返し換金できる仕事にしようとは、あまり考えていませんでした。

ところが今は、仕事が終わった後のことも考え、できる限り単発で終わらないように工夫しています。

小さな儲けでもいいから、繰り返し換金できる仕事のパターンを作り上げるようにしているのです。

たとえば、私は自分のセミナーを撮影してビデオ販売していますが、これもパターン化の典型的な例です。1回作ってしまえば終わりで、後はダビングとコピーだけです。とても楽な成功パターンです。

ただし、成功パターンを繰り返す場合、気をつけなければならないことがあります。成功パターンには賞味期限があるということです。同じパターンで繰り返すにも限度があります。どこかの時点で、そのパターンが通用しなくなり、損益分岐点を割り込んで赤字になっていくのです。

ですから、黒字の間に次の成功パターンを発見しておくことが大切です。私自身も実験を繰り返して、次なる成功パターンを発見する努力を重ねています。

# 顧客の売上げや利益を伸ばすことを業務の中心に置く

経営コンサルタントの仕事といっても、その内容はさまざまです。顧客が最も望んでいることのひとつが、「当社の売上げを伸ばす手伝いをしてほしい」、「利益水準を向上させる手伝いをしてほしい」ということです。

仕事を引き受けるのは簡単ですが、実際に明らかな成果を出すとなると、なかなか難しいものです。四苦八苦しながら仕事を進めることになります。それでも一所懸命、「顧客の売上げを伸ばそう」、「顧客の利益水準を向上させよう」と努力していると、やがて少しずつ成果が出てくるようになってきます。

ある業種で成功したら、その業種の顧客を増やすようにしてください。業種が同じであれば、同じ手法によって売上げを伸ばしたり、利益を増やす可能性が高くなるからです。また1回成功しているため、ある程度自信を持って指導することができるはずです。

さらに、指導する際に必要となる資料も使い回しができるため、仕事の効率が上がり、稼げるようになっていきます。

顧客の売上アップ、利益水準アップに関する仕事に、一度はとことん打ち込んでみてください。あまり成果が出ないこともあると思いますが、顧客のために精一杯のお手伝いをすることで、自分自身の経営コンサルタントとしての能力が引き出されていきます。そして、少しずつ成果が出せるようになっていくはずです。

**「自分は、顧客の売上げを伸ばすお手伝いができる」**

**「自分は、顧客の利益水準を向上させるお手伝いができる」**

そう思えるようになったとき、顧客数は増えはじめ、年収アップが実現していくのを実感することになるでしょう。

## 小さな成功事例を増やす

稼げるようになるためには、少しずつ小さな成功事例を増やしていくことが有効です。

小さな成功事例を何回も生み出すことができれば、それは普遍性を持ったノウハウとしてコンサルティングに役立てることができます。即効性のある効果的なノウハウを持ったコンサルタントとして、活躍することができます。

ですから、目の前の仕事に全力で取り組み、小さな成功事例を増やしていくことが何よりも重要なのです。

セミナーや本などから学んだ知識ではなく、あなた自身が現場に出向き、苦労しながら成功事例を生み出していくことが大切です。

あなた自身の体験を通じて得られた成功事例は、売れるノウハウとなります。売れるノウハウが増えれば増えるほど、稼げるようになっていくのです。

## ノートに記録を残しながら成果を追求する

業績アップのための具体的なアドバイスや支援業務を行なうことが、経営コンサルタントとしての最重要の業務ですが、自分がどのようなアドバイスや支援を行ない、どのような結果を残してきたのかなどを、きちんと記録に残してさらなる進歩に挑戦しなければ、質の高いコンサルティングを展開することはできません。

私は顧客ごとにノートを作り、毎回記録を残すようにしています。そうすることで、いつお客様が私に何と言ったのか、どのようなテーマに一緒に取り組んだのか、私がどのようなアドバイスや支援を行なったのか、どのような資料を差し上げたのか、どのような目標を設定し、どのような結果を出すことができたのかなど、お客様と一緒に歩み、努力し、成果を出してきた証拠を残すことができます。

この記録を眺めながら、お客様と打ち合わせを重ね、成果を出し、より満足していただくための努力を続けているのです。

うまくいったときも、なかなかうまくいかないときも、この記録を眺めながら、次の手を考え続けています。記録を残しながら考え、進歩し続けることで、お客様と長期間のお付き合いをさせていただくことが可能になっていきます。

記録を残す能力、メモを残す能力は、経営コンサルタントとして初歩的、かつ重要な能力のひとつです。記録があるからこそ、お客様のニーズを十分に把握し、コンサルティングの内容に反映させることができるのです。

記録があるからこそ理論的な分析ができ、対策を打つことができるのです。

記録があるからこそ、自分が生み出した成果を直視し、コンサルティングの質を高めていくことができるのです。

ぜひとも、お客様の前で堂々とノートを広げ、記録することができるようになっていただきたいものです。

## 部門経営を経験しておく

経営コンサルタントとして活躍するためには、成功体験を積み重ねておくことが必要です。人に対して、堂々とアドバイスできるようになるためには、まず自分自身がひとつでも多くの成功体験を積み重ねていくことが基本となります。

本物の経営コンサルタントを目指すのであれば、経営を実際に行なった経験を持っていたほうがいいでしょう。

それには、実際に社長として会社運営をするのが一番です。もしそれが難しいなら、部門経営でもかまいません。

私は、サラリーマンコンサルタントだった頃、社長にお願いして経営コンサルティング部門の部門経営をすることを許可していただきました。

どうしても、社長としての擬似体験をしておきたかったからです。自分自身で経営計画、経営戦略を立案し、損益状況まで管理する。すなわち、ほとんど社長と同じような権限を持たせてもらったのです。

この経験を通して、単にコンサルタントとして自分の知識やノウハウを切り売りするだけでなく、社員でありながら経営者並の迫力を自然に身につけていくことに成功しました。ですから、どんなに小さな部門でもかまいません。ひとつの部門を任され、その部門を健全な黒字経営に導いていくという体験を積んでおくことが大切です。

どうすれば売上げが上がって客数が増えるのか、そして利益が出るのかを、理論ではなく、体験を通して知ることになるからです。そして、その体験は必ず将来役に立つはずです。

# 5章

# 「通信コンサルティング」に挑戦しよう

# 通信コンサルティングの企画を固める

私が、通信コンサルティングに取り組もうと思ったのには、いくつかのきっかけがあります。

まずひとつ目は、プラスアルファの売上げを上げる手段として適しているのではないか、と考えたことです。

二つ目は、全国各地、遠方のお客様から、コンサルティングやスタッフ研修を依頼されたとき、低価格で提供できるサービスとして利用してもらいたいと考えたためです。

三つ目は、私が信頼しているある社長から、「全国に会員を増やしていったらいい」とすすめられたからです。

四つ目は、通信販売とコンサルティングをミックスさせた通信コンサルティングは、これから伸びていく分野であるという予感があったからです。

五つ目は、ビデオ（ＤＶＤ）やテキスト、参考資料などを毎月残すことができるため、自然に私自身のノウハウが財産として蓄積されていくからです。

六つ目は、私だけにしかできない仕事を減らし、社員やパートにもできる仕事を増やしていくためです。

このような理由により、私は通信コンサルティングに取り組むことにしました。

まず最初に行なったことは、通信コンサルティングのサービス内容を企画することです。毎月、どのようなコンサルティング・サービスをするか、料金はいくらにするかなど、サービス内容を明示したチラシと申込書を作りながら内容を組み立てていきました。

実際に、利用者を集めるときには、チラシと申込書とセールスレターの３点セットが必要になります。

そのため、最初からチラシと申込書づくりをしながら企画を固めていくのが効率的でしょう。

こうしてでき上がったのが、基本契約６ヶ月シリーズの「歯科医院通信コンサルティング」です。私が、現場で行なっているコンサルティングやスタッフ研修をビデオ（ＤＶＤ）を通じて行なうというものです。

基本的なサービス内容は次の通りです。

**１　毎月１回、ビデオ（ＤＶＤ）（テキスト、参考資料付）にて、売上向上指導およびスタッフ研修を受けることができる。**

**２　毎月１回、売上向上、利益向上につながる情報提供を受けることができる。**

**３　毎月１回、ＦＡＸ、Ｅメールまたは電話により質問をすることができる。**

このサービスをはじめたおかげで、全国の歯科医院を顧客にすることができるようになりました。

通信コンサルティングは、通信手段を使ってのコンサルティングですから、ビデオ、ＤＶＤ、手紙、電話、ＦＡＸ、Ｅメールを使いこなすことがポイントになります。

あなたの得意分野や専門分野において、通信コンサルティングを展開できないか模索してみてください。

## 専門分野の中から、売れるノウハウを選んで映像化する

通信コンサルティングを行なうにあたって最も大切なことは、「実際に売れるノウハウを扱う」ということです。

売れないビデオやマニュアルをいくら作っても、無駄になるだけです。自分の専門分野の中で、何が一番売れるのかを冷静に見きわめます。何が売れるかは、実際に申し込みが多いという事実に基づいて判断します。すなわち、販売テストが必要なのです。

私が、通信コンサルティングを成功させることができた要因のひとつは、セミナー参加者に対するアンケートで、通信コンサルティングを利用してみたいかどうかという項目を入れておき、その回答からある程度利用してもらえるという感触が得られていたためです。また、実際に口頭でも、何人かの人に申込みの確約をもらうことができていました。

「販売を先行させる」ということは、成功の確率を高める最大のポイントです。

失敗する人は、「売れるだろう」という自分の思いだけで商品化をすすめてしまい、結

果的に思ったほど売れなかったということを繰り返します。成功する人は、まず先に売ってしまい、それに合わせて商品化を間に合わせるということに取り組みます。

あなたの専門分野の中から、人気のある売れ筋ノウハウの企画が固まったら、とりあえず何人かにテスト販売してみましょう。それがある程度成功したら、あなたの通信コンサルティングは、成功への第一歩を踏み出したと見ていいでしょう。その売れるノウハウをマニュアル化して映像化し、本格的に利用者を集めていきましょう。

また、通信コンサルティングを行なうにあたって、前もって取り組んでおいていただきたいことがあります。

それは、通常の経営コンサルティングで、十分な成果を上げることに全力を尽くすことです。提供するノウハウに成果という裏づけがなければ、商品価値が大きく下がってしまうからです。

逆に言うと、実際にあまり成果を出していない人が、いきなり通信コンサルティングに挑戦しようとすると、採算ラインに乗せられず失敗する確率が高くなります。

「ビデオやマニュアルを作ったから売る」のではなく、「成果の出る経営コンサルティングノウハウがあるから、ビデオやマニュアルで伝える」という考え方をすれば、成功に近づくことができるはずです。

# セミナーやダイレクトメールで利用者を集める

セミナー参加者に対してアンケートを取り、好意的な回答をいただいた方にダイレクトメールを送って申し込みをいただくというパターンは、非常に確率がよく効果的な方法です。

しかし、この方法の弱点は、セミナー参加者からしか契約が取れないため、契約数が限られてしまうということです。

通信コンサルティングの契約獲得を軌道に乗せるためには、不特定多数の人たちに直接ダイレクトメールを打たなければなりません。

このときの最大の問題は、不特定多数にダイレクトメールを打って、はたして採算ベースに乗せることができるか、ということです。

今の時代、ダイレクトメールだけで申し込みをいただき、それを採算ベースに乗せることは非常に難しいことです。この壁を打ち破るため、私はダイレクトメールの作成にはかなりのエネルギーを投入しました。

そして、ダイレクトメールを打つときは、あらかじめ採算ラインを計算し、ダイレクトメールが成功したのかどうかを判定しながら、繰り返し挑戦していました。

通信コンサルティングの会員を集めるダイレクトメールは、セミナー集客のダイレクトメールに比べると、かなり反応率が落ちました。しかし、それでも打つたびに契約が取れ、毎回少しずつ黒字を計上することができたため、通信コンサルティング事業をある程度軌道に乗せることができたのです。

ある日の私のノートの１ページには、次のような記録が残されています。

「２０００通のＤＭで、通信コンサルティングの申し込みを６名ゲットすることができた。かかったＤＭコストはＤＭ郵送代約13万円、印刷代約６万円、人件費等約２万円。この他、ビデオテープ代、ビデオ郵送代、代金回収コスト、人件費等の今後の運営コストが６名分で約９万円。
売上げは９万円×６名＝54万円
総コストは、13万円＋６万円＋２万円＋９万円＝30万円
よって、54万円－30万円＝24万円の純利益。

これなら黒字であり、ＤＭを繰り返し打つことができる」

ところで、実際にダイレクトメールに挑戦するときに必要となるのが、見込客リストです。では、その見込客リストはどのようにして手に入れたらいいのでしょうか？　また、最も簡単に手に入るリストは何でしょうか？

それは、職業別タウンページです。

私は、ＮＴＴに電話をして全国各地の職業別タウンページを手に入れ、そこにある歯科医院にダイレクトメールを送りました。歯科医院向けに作成したダイレクトメールを、歯科医院に向けて打っているのですから、狙い打ちができるわけです。

職業別タウンページに載っている人が顧客となるような事業をしている人であれば、この作戦はある程度の成果が上がるはずです。

もし、業種を絞って１０００通のダイレクトメールを打ったにもかかわらず何の反応もなかったとしたら、ダイレクトメールの内容を検討してみることが必要です。ダイレクトメールの内容は、見込客から見たとき、相当魅力的なものになっていることが必要です。

「こんなダイレクトメールをもらったら、絶対取り引きしたくなるよ」と、見込客に思ってもらえるような内容にレベルアップしなければなりません。

ダイレクトメールを使いこなせるようになれば、通信コンサルティングの会員募集が軌道に乗っていくはずです。

また、ダイレクトメールを打つとき、もうひとつ問題になるのが時間コストの問題です。実際にやってみればわかりますが、宛名入力、宛名書きを自分でやると、たいへんな労働量になります。かと言って、パートに任せるとかなりの人件費になるし、外注してもコストがかかります。

実は、この問題を一気に解決する方法があります。

この方法を発見することで、私のダイレクトメール郵送作業は、劇的にスピードアップし、大幅にコストダウンしました。

それは、市販の「筆まめ」という安いパソコンのソフトウェアに付属している「筆まめテレガイド」を利用する方法です。。

だれにでも使える簡単なソフトです。職業別にＤＭを打ちたいと思っている人には、おすすめです。

## ビデオ（DVD）を毎月作り続けてシリーズ化する

私は、ビデオ（ＤＶＤ）とテキスト・参考資料を、毎月ひとつずつ自分で作り続けています。テーマは、通常の経営コンサルティング業務の中からいくらでも発生します。通常の経営コンサルティング業務で成果が出たら、それを使います。

また、ふだんの経営コンサルティングや研修業務で資料を作ったら、それを加工して使います。セミナーを行なったら、自分の姿をビデオ撮りして使います。

通信コンサルティングのためだけにゼロから作るのではなく、通常の経営コンサルティング業務、社員研修業務を一所懸命にやることで、ネタづくりにつなげているのです。

ビデオ撮影はほとんどの場合、自社内で市販のビデオカメラを使って行なっています。ビデオに向かって、私がしゃべるだけですが、実際に現場で活躍している歯科衛生士の方に来ていただいて、ビデオに向かってしゃべってもらうこともあります。また、私と２人で、模範演技をしているシーンを撮影する場合もあります。ただし、セミナービデオだけ

は、セミナー会場で私が講演しているシーンを社員に撮影してもらっています。ビデオ（ＤＶＤ）の編集・製作は社員が行ないます。これにより、外注コストを発生させずにすむため、ローコストでビデオ（ＤＶＤ）を作ることに成功しています。

毎月休むことなく、ビデオ（ＤＶＤ）を作り続けるのはたいへんですが、自分で作ったビデオ（ＤＶＤ）やテキスト・参考資料が増えていくのは、とても充実感があります。

ぜひとも、自社で編集・製作することに挑戦してください。

「ビデオを毎月作り続けるなんて、できるかなあ」という不安は当然です。

私も、通信コンサルティングをはじめた

当初は、「いつまで続くかな？」という不安がありましたが、気がついてみると、すでに58本ものビデオを作るに至っています。

ビデオの本数がある程度増えたところで、会員に見たいビデオの内容を選んでもらう、「選べるメニュー」をスタートさせました。

シリーズの分類は次のようにして、選びやすく工夫しています。

・歯科医院向けセミナー収録シリーズ
・自費の売上アップシリーズ
・患者数増加シリーズ
・売上アップシリーズ
・広告・宣伝シリーズ
・スタッフの意識改革・能力アップシリーズ
・院長の労務管理能力アップシリーズ
・患者の満足度アップシリーズ
・利益アップシリーズ

# 継続会員を増やす努力をする

通信コンサルティングは、初回申し込みは6ヶ月契約にしていただいています。今までのコンサルティング経験から、最低6ヶ月程度は取り組んでいただかないと、目に見えるようなはっきりとした成果は得られないと考えたからです。

なかには、1〜2ヶ月で成果を出される方もいますが、多くの人は成果を生み出すまでに6ヶ月程度の期間が必要だからです。

この6ヶ月の間に、ある程度の成果を出された歯科医院や6回のビデオの内容に満足された歯科医院は、6ヶ月間の契約期間終了後も継続会員として残ってくださいます。

その一方で、6ヶ月間の期間終了をもって、継続せずに終了してしまう方も少なくありません。継続率を向上させることは、非常に重要なテーマです。

1件1件に対して、もっときめ細かいフォローをしていけば継続率が向上すると思われますが、時間対コストの壁があるため、どうしても1件当たりに割ける時間は限られてしまうのが現状です。

そこで私は、次のようなことを心がけています。

**1　ビデオ（DVD）は、なるべく相手が希望する内容のものを選んで送る**
**2　人気のあるビデオ（DVD）を選んで送る。送る順番を変える**
**3　質問があれば、きちんと回答する。要望があれば、なるべく期待に応えるようにする**
**4　初回継続時のみ、継続価格として料金を少し安くする**
**5　ビデオ（DVD）の内容をさらにレベルアップするよう努力する**

このような努力を通じて継続会員を増やし、通信コンサルティング事業を長続きさせることが大切です。

私自身が直接訪問してコンサルティングをするのであれば、もっと長く使ってもらえるのでしょうが、通信コンサルティングの場合は、相手の顔を見ながら仕事をするわけではないため、お客様からすれば気軽に取引を中止できるのです。

この壁を破るには、最終的には自分自身が本物になるしかありません。提供するサービスの質を高めるしかないのです。

あなたが、通信コンサルティング事業を長続きさせられるかどうかは、お客様を飽きさせない、質の高いサービスを提供し続けることができるかどうかにかかっています。

## ダイレクトメールを改良しながら打ち続ける

通信コンサルティングを続けていくためには、顧客獲得のためのダイレクトメールを打ち続けていく必要があります。

通信コンサルティング事業が儲かるかどうかは、料金設定とダイレクトメールの成約率にかかっています。

したがって、ダイレクトメールを打つ場合、少しでも高い成約率が得られるようにダイレクトメールを改良していかなければなりません。

「今回は、このキャッチフレーズで強烈にアピールしてみよう」

「成功事例は、この表現で伝えてみよう」

「もう少し、見やすいレイアウトにしよう」
「お客様の声をもっと入れてみよう」
「実績を、もう少しわかりやすく伝えよう。具体的な数字を入れて伝えよう」
など、工夫を続けていくのです。

ところで、改良してＤＭを打ったつもりが、明らかに失敗してしまった場合どうすればいいのでしょうか？

答えは、「迷わず、今までで一番反応のよかったＤＭのスタイルに戻す」ということです。

実務の世界ではある意味、結果がすべてです。自分がよかれと思ってやったことでも、失敗することが多々あります。そんなときは、最も成約率を上げることができたダイレクトメールに戻してみるのです。

そのようなダイレクトメールがない場合、つまり一度も高い成約率を上げたことがない場合は、どうしたらいいのでしょうか？

何回試してもよい反応が得られないなら、それはダイレクトメールの書き方が問題なのではなく、通信コンサルティングの内容そのものに魅力がないことを疑ったほうがいいかもしれません。

もう一度、「通信コンサルティングの企画を固める」、「売れるノウハウを選ぶ」という原点に戻ることをおすすめします。

## メールや手紙や電話のやりとりでファンを増やす

メールや手紙や電話のやりとりは、増えれば増えるほど時間が取られてたいへんになります。

私も、限られた時間の中で対応しているため、必ずしも十分な対応ができているとは言えず反省しています。

それでも、質問があれば一所懸命に答える、希望があればできる限り対応するという気持ちで業務に取り組んでいます。

たとえば、今までの通信コンサルティングでのやりとりの中で、次のようなお言葉をいただいたことがあります。

「いつも、お世話になっております。毎月、先生からのビデオと手紙を楽しみにしております。先日は、人件費に関する質問に対して、貴重なアドバイスをいただき、たいへん参考になりました。ありがとうございます」

「いつもお世話になっております。毎月たいへんわかりやすいビデオをありがとうございます。また、質問に対する回答も参考になり、診察室のレベルアップを図っています」

「お蔭様で10月は、開業以来（11年になりますが）自費が最高に売上げました。本当か？とびっくりしました。ありがとうございます。スタッフ一同、先生に感謝し、日々がんばっております」

「先生のお話の内容は説得力と共感するものがあり、いつも感動して聞いています。歯科医院では人は育たないとあきらめていましたが、もう一度、本気で職員教育にチャレンジしたいと思います」

「最近、売上げが上がってきました。ビデオを毎日のように見ています。お願いして本当によかったです。ありがとうございます」

このような、喜びの声や感謝の声をいただけることは、本当にありがたいことです。

「この人のために、ますますがんばろう」という気持ちにもなります。

私の気持ちを伝えるために、次のような言葉でお返事を差し上げています。

「○○先生　いつも熱心なお取り組みありがとうございます。私も、仕事に対する熱意はあるほうですが、○○先生がされてきたことに比べたら足元にも及びません。○○先生のような方は他に見当たらず、本当にすごいことだと思います。

○○歳という若さで、無借金経営を実現し、多額の現金資産を保有され、経営者としての能力も超一流レベルであり、そのすごさに驚くばかりです。本当に、よくがんばられたと心から思います。

普通はこれだけの大成功をされると、初心を忘れ、油断する人が多いのですが、○○先生はさらなる努力を継続し、地域一番を目指されています。実質的経営内容としては、すでに地域一番レベルになっていると思いますが、これからもダントツ地域一番を目指してがんばっていきましょう」

「○○先生　いつもお世話になっております。経営的に非常に楽になられたとのことで本当によかったですね。私のアドバイスも参考にしていただけたようで、うれしく思います」

「○○先生　いつも熱心なお取り組みありがとうございます。厳しい経営環境の中で、4月も5月も好調とのことで、おめでとうございます。本当に立派です。土曜日・日曜日の予約も目標20人に対して30人と、大きく上回っているとのことで、本当によかったですね。市民の間に、○○歯科医院の日曜診療が完全に定着した何よりの証拠だと思います」

「○○先生　いつも熱心なお取り組みありがとうございます。○○先生の取り組み姿勢は、通信コンサルティングの会員の中でもトップレベルです。4月、5月、6月と順調に推移しているとのことで、本当におめでとうございます。今の厳しい時代になかなかできることではありません」

メールや電話などで良好なコミュニケーションがとれるファンが増えると、次のようなことが起こります。

１　ファン顧客の喜びの声や感謝の声に、自分自身も大きな喜びを感じることができ、仕事に対するやる気が高まる

２　ファン顧客がいるという安心感が、仕事に対する自信を深めてくれる

３　ファン顧客は、継続顧客として長く利用してくれる。通信コンサルティングの会員数が維持できる

４　一度にまとめてビデオ（ＤＶＤ）を購入したいという顧客や、料金は高くてもいいから訪問してほしいというＶＩＰ顧客が現われる

よい種をまけばよい収穫が得られるというのは、いつの時代にも共通する事業繁栄の基本法則です。通信コンサルティングを行なうのであれば、メールや電話のやりとりでファンを増やすということに取り組むようにしてください。

# 6章

# 簡単で実戦に役立つ
# コンサルティング・ノウハウ

# 部門別採算管理、部門別生産管理によるスクラップ・アンド・ビルド

事業経営を行なううえで、収益性を高めること、生産性を高めることはどうしても必要です。ですから、経営コンサルタントとしては、企業の収益性を高めるお手伝い、生産性を高めるお手伝いができるようにしておくべきです。

このとき、身につけておかなければならないのが、部門別の収益性と生産性を分析する能力です。

この分析ができれば、

「この部門は収益性も生産性も高いので、今後の主力部門に育てていきましょう。人員を投入し拡大させていきましょう。営業面でも一番力を入れましょう」

「この部門は収益性も生産性も低いので、今後、徐々に撤退していきましょう。人員は、少しずつ他部門に配置転換していきましょう。営業面では、積極的な売り込みはしないようにしましょう」

『部門別業績管理表』　（平成　年　月分）　（単位:万円）

| | A部門 | B部門 | C部門 | D部門 | E部門 | 合 計 |
|---|---|---|---|---|---|---|
| 月間売上 | 1,000 | 800 | 600 | 400 | 200 | 3,000 |
| −）材料費 | 100 | 50 | 150 | 30 | 20 | 350 |
| −）外注費 | 100 | 50 | 0 | 0 | 0 | 150 |
| 粗利益 | 800 | 700 | 450 | 370 | 180 | 2,500 |
| 社員1人当り月間粗利差額 | 80 | 78 | 90 | 74 | 60 | |
| −）一般管理費（1人当り） | 50 | 50 | 50 | 50 | 50 | |
| 社員1人当り月間経常利益額 | 30 | 28 | 40 | 24 | 10 | |
| 社 員 数 | 10 | 9 | 5 | 5 | 3 | 32 |

と言えるようになります。

通常、中小企業の社長は、直感的にどの部門が優れていてどの部門が足を引っ張っているのかわかっていることが多いのですが、それを数値面からしっかりとらえている社長はそれほど多くありません。しっかりと部門別分析を行なってアドバイスをしてあげると、社長としても計数面からの裏づけが得られ、自分の直感の正しさに自信を持つことができます。

「どの部門を伸ばしていこう」、「どの部門を縮小していこう」という戦略的意思決定に貢献することができるようになることは、とても価値ある仕事です。

私は、この簡単な分析手法を用いて、ある社長に前述のようなアドバイスを行なったところ、実際の会社の方針として採用していただき、収益性を向上させることができました。とても簡単に使えて、しかも実戦に役立つコンサルティング手法なので、マスターしておくと便利です。

「部門別業績管理表」の例題（前ページ上表）を示します。どの部門を伸ばして行くべきか、どの部門を縮小していくべきか、答えがわかるでしょうか？（正解＝伸ばすべき部門→C／縮小すべき部門→E）

## 「20対80の法則」を利用した重点管理

「20対80の法則」は、経営管理上、非常に役に立つ法則です。これは要するに、「上位20%のものが80%の成果を生み出す」という偏りの法則のことです。これを利用して重点管理を行なうと、最小エネルギーで最大成果を得ることができるようになります。

経営においては費用対効果、つまり投入した費用に対してどれだけの利益を上げることができたかによって成否が判断されます。また、投下した資本に対して、どれだけの利益を上げることができたかによって、成功か失敗かが判断されてしまいます。

いずれにしても、利益を生み出す効率を最大化する能力が、最も重要な経営手腕のひとつなのです。

したがって経営者は、最も成果を生み出す20％は何なのかを見きわめ、そこに経営資源を集中させなければなりません。最も重要な20％に集中すれば、そこから全体の利益の80％が得られるからです。

上位20％の主力商品が、全体の80％の利益を生み出す
上位20％の優良顧客が、全体の80％の利益を生み出す
上位20％の実力ある営業社員が、全体の80％の営業成績を獲得する
上位20％の幹部社員が、全体の80％の利益を生み出す
上位20％の具体策が、全体の80％の効果を生み出す

という偏りの存在を経営者に再認識していただき、そこにもう一度エネルギーを注ぐ提案をすることが大切です。

たとえば、商品に関して言うなら、

「利益を生み出している上位20％の主力商品は何ですか？　1位から順番に書き出してみてください」

「この中で、今一番効率よく売れる商品はどれですか？」

「それでは、この商品の販売に最も力を入れるようにしたらいかがでしょうか？」

といった具合です。

顧客に関して言うなら、

「利益貢献してくれている上位20％の顧客は誰ですか？　1位から順に書き出してみてください」

「これらの顧客は、どんな理由であなたの会社を利用してくれているのでしょうか？」

「それでは、○○という顧客層を今後もメインのターゲットとしましょう。そして、○○という顧客の要望に応えていくことに集中していきましょう」

などといった具合です。

経営の具体策に関して言うなら、

「○○するためには、どうしたらいいでしょうか？　具体策をいくつか決めてください」

「今までに出た具体策の中で、最も効果的な具体策はどれでしょうか？　一つに絞ってください」

「それでは、最も効果的な最重要具体策は○○ということでよろしいでしょうか？」

といった具合です。

このようにして、最も重要な20％は何か、最も成果を生み出す20％は何かを見きわめるためのお手伝いをするのです。重点管理を徹底することによって、効果的に利益を生み出すことができるようになっていきます。

何を選ぶのか？　何に集中するのか？　最優先すべきことは何なのか？

これらの意思決定を支援できれば、経営者から喜ばれるようになります。

経営コンサルタントとして、経営者の意思決定を支援していきましょう。そして、最も効果的と思われるような経営改善の具体策を導き出せるようにしたいものです。

## マトリックスを利用した、意思決定支援・販売戦略の再構築

マトリックスを利用すると、意思決定を比較的簡単に行なうことができるため、とて

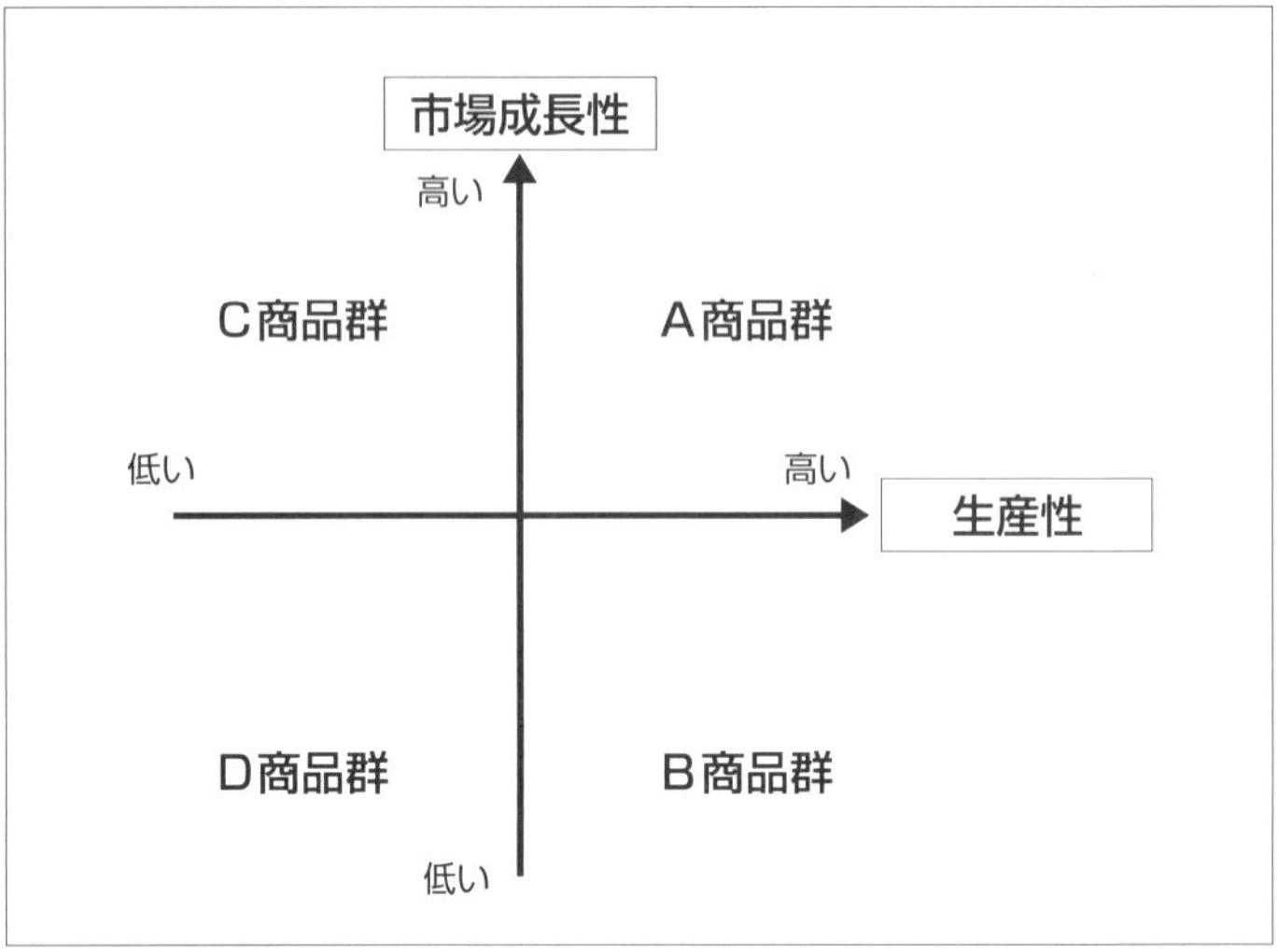


も喜ばれます。私は営業研修の講師として、マトリックスを利用した販売戦略の再構築を行なったことがありますが、非常に効果的なコンサルティング手法であることを実感しました。何に集中するべきか、何を最優先させるかが自然と見えてくるからです。

　マトリックス分析の最重要ポイントは、意思決定の基準として何が一番重要なのか、最も重要なものを二つ選び出し、それを縦軸と横軸に使うということです。この二つの軸に何を使うのかが、意思決定の方向性を大きく左右することになります。

　ある会社での営業研修において、今後どの商品の販売に力を入れるべきか、がテーマになりました。さまざまな意見が出されましたが、意思決定の基準としてその商品の生産性と、その商品の市場成長性の二つが最重要基準として採用されました。

そして、その二つの基準がマトリックスの縦軸と横軸に位置づけられ、商品の分類が行なわれました。マトリックス上には、図（前ページ参照）のように商品群がプロットされました。

そして、次のような意思決定が行なわれました。

1　生産性が高く、市場成長性も高いA商品群の販売に最も力を入れる
2　生産性が低く、市場成長性も低いD商品群の販売からは徐々に撤退する
3　生産性が高く、市場成長性が低いB商品群は今まで通りの販売方針とする
4　生産性が低く、市場成長性が高いC商品群は、今後生産性を高めることが可能な商品に重点を置いて販売していく

このような意思決定の結果、A商品群の販売比率が徐々に高まり、会社全体としての生産性・収益性も高まっていきました。とても簡単な方法ですが、実戦的なコンサルティング・ノウハウとなっています。

## マインドマップを利用した、発想能力と問題解決能力のレベルアップ

私は、何かを発想しなければならないとき、あるいは何か問題解決をしなければならないとき、机の上にＢ４、あるいはＡ４判の白紙を広げ、思いつくままにアイデアをどんどん書きまくります。白紙の中央部分に問題解決のテーマを書き、そこから放射線状に思いつくまま、次から次へと手当たりしだいに答えを書きまくっていきます。

この方法は、一般的にはマインドマップと呼ばれているものです。私がこの方法について知っているのは、たったこれだけです。しかし、私がごく当たり前のようにして使っているこの手法は、コンサルティングの実務においてもたいへん役に立っています。

たとえば、私は歯科医院の売上げを伸ばすことと患者数を増やすことを得意分野のひとつとしていますが、本格的に歯科医院の経営コンサルティングをはじめるとき、この方法を利用して売上げを伸ばし、患者数を増やす作戦を発案しまとめ上げました。Ｂ４の白紙にぎっしりと書き出し、まとめ上げるのに半日以上かかりましたが、われながらよくこん

なに書けたものだと思います。

このシートは、歯科医院の経営コンサルティングを進めていくうえでおおいに威力を発揮してくれました。

可能な限り数多くの具体策を記入する、そしてその中の効果的と思われるものから順に実行に移していく。簡単な方法ですが、たいへん役に立つので実行してみてください。

参考までに、私がこの方法で作ったシートを一枚掲げておきます。

また、この方法は研修の材料としても使えます。私は、営業力強化研修の講師もしていますが、研修参加者にこの方法を教えてあげると多くの人から喜ばれます。

講師から一方的に話を聞かされるのとは違い、自分自身でいろいろなアイデアを考えられること、そして、実行すべき最重要具体策に自分自身で気づくことができるようになるからでしょう。

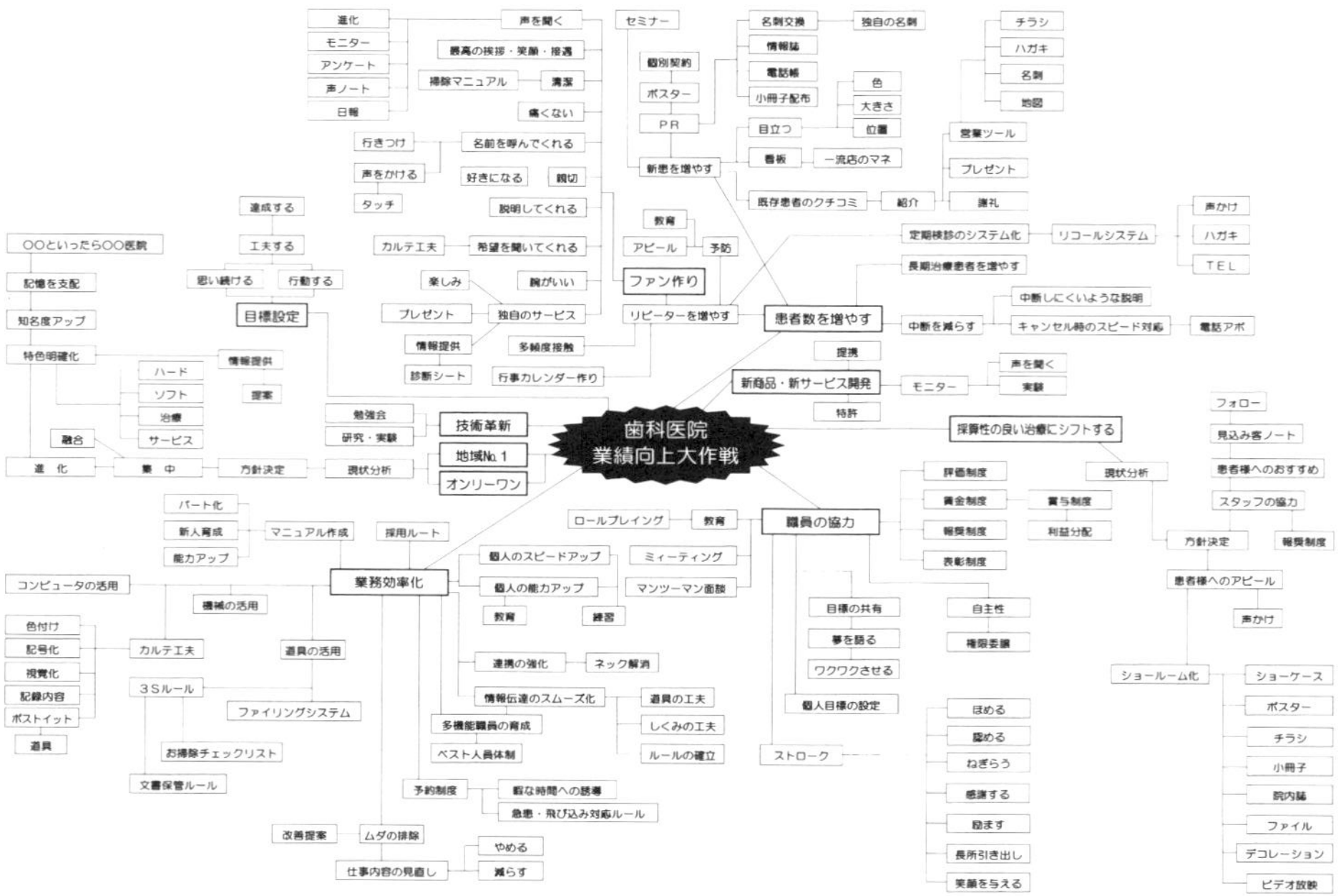


中小企業診断士 ： 岡部 穂積

# ポストイットを利用した、知的生産性の向上

ポストイットの活用は、少し仕事のできる人なら誰でもやっていることです。別に、特別なコンサルティングノウハウというわけではありません。しかし私にとっては、絶対になくてはならない道具として、知的生産性の向上におおいに貢献してくれています。

もし、あなたが十分にポストイットを使いこなしていないのであれば、ぜひとも毎日活用することに挑戦してみてください。

私は、ポストイットを次のような場面で活用しています。

## 1　社員に与える仕事の期日管理に利用する

私は社員に仕事を与える際、ポストイットに仕事の期日と依頼した内容をメモし、控えとして残しています。これを、常に期日順に並べ変えているため、ひと目で仕事の完成予定日がわかるようになっています。この一覧表により、私は社員に与えた仕事の期日管理

が洩れなくできるようになっています。

その結果、社員は必ず約束の期日までに仕事を完成させるという習慣を身につけることができるようになりました。間に合わないこともたまにありますが、そのときは事前に、私の承認を得てから期日を延期するということが徹底されています。

部下が仕事をしない、仕事を忘れる、仕事が遅いなどで悩む上司が少なくありません。そんなとき、この方法を教えてあげると、部下管理能力がレベルアップしていきます。

## 2　人との約束を守る手段として利用する

たとえ小さな約束でも、人との約束を忘れてしまうことは大きな信用低下につながります。

「この人は、約束したことを忘れずに実行してくれる」という信頼感が得られなければ、よい仕事はできません。人は忘れる動物です。どんなに頭のいい人でも、ついうっかり忘れてしまうことがあります。

私自身も、子供の頃は忘れ物の常習犯でした。それが今、なぜ人との約束を守れるようになったのでしょうか？

それは、メモを取るようになったからです。ポストイットは、メモとして重宝です。私は、ポストイットを常に手帳に入れて携帯しています。そして、必要に応じてその場ですぐにメモを取るようにしています。

### 3　仕事の段取りを思い出す手法として利用する

質の高い仕事をするためにも、仕事の段取りは事前にきちんと箇条書きにしておいたほうがいいでしょう。しかし、限られた時間の中で毎日完璧に事前準備をするのはたいへんです。

そんなとき、ポストイットに次回の仕事の段取りを簡単に箇条書きにメモしておくことで、いつでも仕事の段取りを思い出すことができ、スムーズに仕事を進めるのに役立っています。

### 4　アイデアや気になったことをメモする手段として利用する

日常のふとした瞬間、「これだ！」というアイデアが浮かんでくることがあります。あるいは、何か気になることを発見することがあります。

仕事をしているとき、本や新聞を読んでいるとき、人と話しているとき、人の話を聞いているとき、休憩しているときなど、いつアイデアが浮かんでくるかわかりません。しかし大切なことは、その場でメモを取ることです。

アイデアや気になったことをその場でメモするという行動は、役に立つひらめきを貯金するようなものです。ポストイットにメモしたうえで、手帳などに貼っています。そして、必要に応じてそのアイデアを実行に移しています。

**5　コミュニケーション効率化の手段として利用する**

ポストイットは黄色のものが主流のようですが、色の種類もさまざまです。色を使い分けたり、ポストイットに記載する記号や文字を使い分けることで、コミュニケーションを効率化する道具として活用することができます。

ある一定のルールさえ作っておくと、全員が一瞬で理解できるようになるため、時間の節約に役立ちます。

## 成績チェックシートを利用した、月1回の成績管理

毎月の損益状況、財政状況を正しく把握したうえで、経営者に対して適切なアドバイスを行なうのが、会計事務所や税理士の本来の役割です。

しかしながら多くの場合、試算表を作成して、表面的なアドバイスをして終わりという場合がほとんどです。経費節約のアドバイスはできても、売上アップや客数アップの具体

## 個人目標実績チェック表 （平成　　年　　月～　　年　　月）

| 氏名（　　　　） | | 1月 | 2月 | 3月 | 4月 | 5月 | 6月 | 7月 | 8月 | 9月 | 10月 | 11月 | 12月 |
|---|---|---|---|---|---|---|---|---|---|---|---|---|---|
| 自　費<br>目標：毎月<br>110万円 | すすめた人数 | 人 | 人 | 人 | 人 | 人 | 人 | 人 | 人 | 人 | 人 | 人 | 人 |
| | 獲得した人数 | 人 | 人 | 人 | 人 | 人 | 人 | 人 | 人 | 人 | 人 | 人 | 人 |
| | 合計金額 | 万円 | 万円 | 万円 | 万円 | 万円 | 万円 | 万円 | 万円 | 万円 | 万円 | 万円 | 万円 |
| インプラント | 目標：3本 | 本 | 本 | 本 | 本 | 本 | 本 | 本 | 本 | 本 | 本 | 本 | 本 |
| 矯　正 | すすめた人数 | 人 | 人 | 人 | 人 | 人 | 人 | 人 | 人 | 人 | 人 | 人 | 人 |
| | 獲得した人数 | 人 | 人 | 人 | 人 | 人 | 人 | 人 | 人 | 人 | 人 | 人 | 人 |
| 補てつやり直し | すすめた人数 | 人 | 人 | 人 | 人 | 人 | 人 | 人 | 人 | 人 | 人 | 人 | 人 |
| | 獲得した人数 | 人 | 人 | 人 | 人 | 人 | 人 | 人 | 人 | 人 | 人 | 人 | 人 |
| 充　填 | すすめた人数 | 人 | 人 | 人 | 人 | 人 | 人 | 人 | 人 | 人 | 人 | 人 | 人 |
| | 獲得した人数 | 人 | 人 | 人 | 人 | 人 | 人 | 人 | 人 | 人 | 人 | 人 | 人 |

策を立案したり、売上アップや客数アップを実現するような社員教育を行なうことはなかなかできません。

そこで、会計事務所や税理士ができていないコンサルティング業務に特化し、経営者の期待に応えていくというのが、経営コンサルタントや中小企業診断士の役割となります。

普通の企業であれば、会社独自に業績管理表や成績管理表を作成し、毎月の会社の業績、部門業績、個人成績などを厳しくチェックしてさらなる努力につなげていますが、中小企業や零細企業では日々の仕事に追われ、業績管理、成績管理が甘くなる傾向が見られます。

そこで、会社全体、部門ごと、個人ごとに追求するべき数値目標を明確にし、一覧表にしておくことで、毎月の業績チェック、成績チェックのお手伝いをします。

　このとき私は、数値をチェックするだけでなく、数値目標の達成率を高めるための話し合いとアドバイスを行なっています。

　そうすることで、毎月定期的に経営コンサルティングを行なうことができ、なおかつ社員教育までできるようになるからです。

　成績チェックシートを一緒にチェックしながら、その数値が上昇していくのを見るのは、お客様の業績アップに貢献しているという実感を伴うため、とてもやりがいを感じることができます。

　成績チェックシートを利用して成績管理を行なうことなど、当たり前すぎてノ

業績管理表（平成19年1月～12月）（昨年の数字は平成18年1月～12月）

| | | 1月 | 2月 | 3月 | 4月 | 5月 | 6月 | 7月 | 8月 | 9月 | 10月 | 11月 | 12月 | 年間平均 |
|---|---|---|---|---|---|---|---|---|---|---|---|---|---|---|
| 1. 総売上（目標　　万円以上） | 昨年 | 万円 | 万円 | 万円 | 万円 | 万円 | 万円 | 万円 | 万円 | 万円 | 万円 | 万円 | 万円 | 万円 |
| | 今年 | 万円 | 万円 | 万円 | 万円 | 万円 | 万円 | 万円 | 万円 | 万円 | 万円 | 万円 | 万円 | 万円 |
| 2 保険売上（目標　　万円以上） | 昨年 | 万円 | 万円 | 万円 | 万円 | 万円 | 万円 | 万円 | 万円 | 万円 | 万円 | 万円 | 万円 | 万円 |
| | 今年 | 万円 | 万円 | 万円 | 万円 | 万円 | 万円 | 万円 | 万円 | 万円 | 万円 | 万円 | 万円 | 万円 |
| 3 自費売上（目標　万円以上） | 昨年 | 万円 | 万円 | 万円 | 万円 | 万円 | 万円 | 万円 | 万円 | 万円 | 万円 | 万円 | 万円 | 万円 |
| | 今年 | 万円 | 万円 | 万円 | 万円 | 万円 | 万円 | 万円 | 万円 | 万円 | 万円 | 万円 | 万円 | 万円 |
| 4 担当件数（目標　　件以上） | 昨年 | 件 | 件 | 件 | 件 | 件 | 件 | 件 | 件 | 件 | 件 | 件 | 件 | 件 |
| | 今年 | 件 | 件 | 件 | 件 | 件 | 件 | 件 | 件 | 件 | 件 | 件 | 件 | 件 |
| 5 純新患数（目標　人以上） | 昨年 | 人 | 人 | 人 | 人 | 人 | 人 | 人 | 人 | 人 | 人 | 人 | 人 | 人 |
| | 今年 | 人 | 人 | 人 | 人 | 人 | 人 | 人 | 人 | 人 | 人 | 人 | 人 | 人 |
| 6 その月に来るべき定期検診などの患者数 | 昨年 | 人 | 人 | 人 | 人 | 人 | 人 | 人 | 人 | 人 | 人 | 人 | 人 | 人 |
| | 今年 | 人 | 人 | 人 | 人 | 人 | 人 | 人 | 人 | 人 | 人 | 人 | 人 | 人 |
| 7. 実際に来院された定期検診などの患者数 | 昨年 | 人 | 人 | 人 | 人 | 人 | 人 | 人 | 人 | 人 | 人 | 人 | 人 | 人 |
| | 今年 | 人 | 人 | 人 | 人 | 人 | 人 | 人 | 人 | 人 | 人 | 人 | 人 | 人 |
| 8 リコール率（目標　%以上） | 昨年 | % | % | % | % | % | % | % | % | % | % | % | % | % |
| | 今年 | % | % | % | % | % | % | % | % | % | % | % | % | % |

# 業績報告書（目標達成状況報告書）

提出日（毎月3日までに提出のこと）

平成　　年　　月　　日

| | | | | | |
|---|---|---|---|---|---|
| | 月分 | 部　門 | | 氏　名 | |

| | | | |
|---|---|---|---|
| 目　標　1 | 当月目標 | | （内容の明細） |
| | 当月実績 | | |
| | 目標達成率 | % | |
| 目　標　2 | 当月目標 | | （内容の明細） |
| | 当月実績 | | |
| | 目標達成率 | % | |
| 目　標　3 | 当月目標 | | （内容の明細） |
| | 当月実績 | | |
| | 目標達成率 | % | |
| 目　標　合　計 | 前年実績 | | （内容の明細） |
| | 当月目標 | | |
| | 当月実績 | | |
| | 目標達成率 | % | |

**（10月～3月までの業績の推移）**

| | | 10月 | 11月 | 12月 | 1月 | 2月 | 3月 | 6ヶ月合計 | 達成率 |
|---|---|---|---|---|---|---|---|---|---|
| 目標1 | 当月目標 | | | | | | | | |
| | 当月実績 | | | | | | | | % |
| 目標2 | 当月目標 | | | | | | | | |
| | 当月実績 | | | | | | | | % |
| 目標3 | 当月目標 | | | | | | | | |
| | 当月実績 | | | | | | | | % |
| 目標合計 | 前年実績 | | | | | | | | |
| | 当月目標 | | | | | | | | |
| | 当月実績 | | | | | | | | % |

（今回の業績についての反省）

| | |
|---|---|
| 前回約束した事 | |
| その実行状況<br>（本気で全力で実行したのか？<br>具体的に書くこと） | |

（目標を達成するために実行すること・どんなことをすると約束するのか？）

## 《私の年間目標設定、および目標達成の誓い》

| 院長 | 責任者 | 本人 |
|---|---|---|
| | | |

氏名

目標設定日：平成　　年　　月　　日　／　結果報告日：平成　　年　　月　　日

※ 私は平成19年の12月までに以下の目標を達成することを誓います。

**① 目標の分類（　　　　　　　　　　　）**

| 目標の内容 | 結果 |
|---|---|
| | |

**② 目標の分類（　　　　　　　　　　　）**

| 目標の内容 | 結果 |
|---|---|
| | |

**③ 目標の分類（　　　　　　　　　　　）**

| 目標の内容 | 結果 |
|---|---|
| | |

| 〔コメント欄〕 | 〔表彰内容〕 |
|---|---|
| | |

ウハウとは言えないかもしれませんが、現実問題としてそれができていない企業からは感謝してもらうことができます。

ましてや、個人別指導まで踏み込んで、一人ひとりの社員の成績が上がるようなところまでできると、それはもう立派なコンサルティングであり社員教育と言えます。

その企業にふさわしい業績管理表や成績チェックシートを作りましょう。そして毎日チェックしながらアドバイスし、社員教育まで行なうようにしてください。

## ＴＫＣの経営指標を利用した、財務分析と改善アドバイス

私が、企業の財務分析を行なって改善アドバイスをする場合、主にＴＫＣの経営指標を使っています。ＴＫＣの経営指標は、会計事務所の実際のデータをもとに作成されており、また集計企業数も多いため、平均データとして使いやすいからです。

「うちの会社は、業界平均と比べてどうなんだ？」

経営者であれば、他社の懐具合を知りたいと思っています。

「利益水準はどうか？　人件費比率は高くないか？　社員一人当たりの粗利益額は適切か？　役員報酬は適切か？　借入金の水準は適切か？」など、経営者が気にしていることをアドバイスできるためとても役立ちます。

売上アップを実現したい経営者にとって、第三者が自社の社員に対して、売上げを上げる必要があることを、客観的データをもとに伝えてくれるのはありがたいことです。

そんなとき私は、次のように伝えるようにしています。

「業界平均の社員一人当たり売上高は月々○○万円です。御社の場合、月々○○万円なので、平均まで、後○○万円不足しています。毎月○○万円の売上アップをお願いいたします」

人件費を節約したい場合は、次のように伝えるようにしています。

「業績平均の人件費比率は○％です。御社の場合、人件費率は○％なので、平均よりも○％高くなっています。平均的な人件費比率にするためには年間で○○万円、月にすると○○万円人件費を減らす必要があります」

このように、経営者が困っていることに関して、経営指標を利用して客観的なアドバイスを行なって社員を納得させるという手法は、とても簡単で役に立つ経営コンサルティング手法と言えます。

## 経営診断用ヒアリングチェックシートによる経営診断のパターン化

中小企業診断士として活躍している方の中には、「経営診断」を売り物にしている人も少なくありません。企業の現状をさまざまな角度から把握・分析し、問題点を指摘したうえで改善案を提案するという仕事です。

中小企業診断士という資格の呼称からも、「企業診断」、「経営診断」というイメージは連想しやすいため、「経営診断」だけで十分な収入になるのなら、それはそれでよいことでしょう。

しかし一般的な感覚として、高いお金を払ってまで経営診断をしてもらいたいと考えている経営者は少なく、経営診断だけで十分な収入を得ている中小企業診断士は少ないと思います。経営者は、直接的な利益がイメージできることでなければ、お金を払うことはしないからです。

たとえば、本当に1000万円の利益が得られることが確信できるようであれば、20

０万円ぐらいの費用を支払うでしょう。ところが、成果が保証されているわけでもない経営診断には、たった10万円すら払うことをためらう経営者が多いのです。

また経営診断というサービスは、相当な時間が取られる割には報酬がいただきにくいのが実態です。それが、中小企業診断士の年収がそれほど高くない理由のひとつと考えられます。

私の場合、１日で行なうような単発の経営診断は、主力サービスとしての位置づけをしていません。トータルで見た場合、１時間当たりの収入として低くなってしまうからです。それでも、経営診断の仕事が入ってきたら、何とか採算に乗るように工夫しなければなりません。

そのひとつの答えが、経営診断のパターン化です。パターン化に当たって、私は次のようなことを心がけています。

１　事前に準備しておくべき資料等を伝える。送ってもらえる資料は、できる限り事前に送ってもらう。そして、事前に分析を終えておく

２　あらかじめ、ヒアリングチェックシートと現場チェックシート（１５５、１５６ページ参照）を作成しておき、質問できるようにしておく

3　診断内容も、チェックシートによってある程度パターン化しておき、すぐにその場でアドバイスできるようにしておく

4　答えがパターン化されている部分については、事前に診断レポートをまとめておく

このようなことを通じて、経営診断をある程度パターン化しておくと、短時間で業務を遂行することができるため、採算ベースに乗せることができるようになっていきます。

## ロールプレイングによる現場社員の接遇能力・営業能力アップ

接客応対の良し悪しが、売上げや客数に影響を与える職場があります。

サービス業に従事する社員であれば、そのほとんどが接客マナーを身につけ、感じのよい接客応対・電話応対をすることが要求されています。なぜなら、接客レベルが低いと客離れが起こり、業績に悪影響を与えるからです。

売上アップや客数アップのお手伝いをするのが、診断士の大きな使命です。ですから、

売上アップや客数アップの実現に向けて、感じのよい接客を徹底してもらえるように、現場での実技研修を行なうことがあります。

そのやり方は簡単です。まず私が、感じのよい接客をすることがいかに大切かを説明します。そして、お客様役と社員役に分かれて、実際にどのような接客応対を行なっているのかを演じてもらいます。その演技を、みんなで見ながら改善点を話し合い、何度も繰り返し練習することで上達を目指します。

感じのよい接客ができるようになるまで繰り返し練習することは、きちんとできるようになってもらうためにどうしても必要です。繰り返し練習し、体で覚えていくことが大切なのです。

また、より直接的に売上げに影響するのが現場社員の営業能力、すなわちセールス力です。売上アップや客数アップの実現に向けて、この力を伸ばしてあげることが大切です。このときに有効なのが、やはり現場での話法の練習です。お客様役と社員役に分かれてのロールプレイング（役割演技）です。

私は、社員がどのような話法でお客様に話しかけているのか、その話法を聞かせてもらいます。そのうえで改善点を指摘し、話法のコツを教えることで、レベルアップを図っています。

## ヒアリングチェックシート

1. 業績の推移(売上、件数、1日人数、自費売上、自費比率、新患数、リコール率)

2. 目標(数値目標、短期目標、中長期目標)

3. 強み(得意分野)

4. 自費の内容

5. 今までやってきた増患・増収対策

6. スタッフの考え

7. 院長の考え(経営理念、診療方針、発展の方向性、取り組みたいこと)

## 現場チェックシート

| | | |
|---|---|---|
| 1 | 立地条件 | |
| 2 | 道路条件 | |
| 3 | 競合状態 | |
| 4 | 看板 | |
| 5 | 駐車場 | |
| 6 | 建物の外観<br>（第一印象） | |
| 7 | 入りやすさ<br>（入口の雰囲気） | |
| 8 | 入った直後の<br>第一印象 | |
| 9 | 受付の雰囲気 | |
| 10 | スタッフの雰囲気<br>第一印象 | |
| 11 | 院長の第一印象 | |
| 12 | 3Sの状況 | |

現場の社員の話法を上達させ、セールス力を上達させてあげることで確実に売上アップが実現していきます。

ロールプレイングを通じて、繰り返し話法を練習させるという方法は非常に単純な方法ですが、一定の効果を発揮します。ぜひとも、現場指導の手段のひとつとして取り入れてください。

## 宿題方式による社員の戦力アップと業務の効率アップ

「社員の戦力をアップさせてほしい」、「業務の効率アップを実現させてほしい」というのは、多くの経営者の願いです。それらを通じて、多くの利益を残すのが経営者の務めだからです。

私は、この二つの願いを同時に叶える、とても効果的な手段に気がつきました。

実に単純な方法ですが、かなりの成果が出るため経営者から喜ばれています。

それは、「宿題を出す」という方法です。

私は、社員の戦力をアップさせるために、そして実際に優れた成果を生み出すために、社員に宿題を出しています。

普通の人がなかなか成長しないのは、アウトプットが不足しているからです。成長し戦力アップを実現するためには、自分の頭で考えて書いたり、人前で発表することが必要です。自らが講師となり、他人に教えるのです。上手にできないことがあれば、何度でも練習することが必要です。

このように、書いたり、話したり、体を動かしながら練習するなど、アウトプットの回数を増やすことが戦力アップにつながっていくのです。

ですから、私は社員に宿題を出し、レポートを書かせています。また、人前で宿題の成果を発表させます。その結果、効果的なセールストークをマスターし、すぐれた営業成績を生み出すことができるのです。

宿題を出すということは、社員から見れば「忙しいのに、よけいなことをさせられる」と思われるかもしれません。しかしプロであれば、自分の時間を使ってでも自己研鑽に取り組むのは当たり前のことです。

本を読んだり、休日にセミナーに出る人は少数派ですから、強制的にでも宿題を出して各人の実力をレベルアップさせることが大切です。本人はレベルアップするし、業務の効率も上がって会社の業績はアップしていくはずです。

## 選抜研修を通じての人材評価と管理職の抜擢

第三者として客観的に人材の評価を行なうこと、また管理職にふさわしい人を抜擢することも私の仕事のひとつです。私は、選抜されたメンバーに対する社員研修を通じて人を評価、採点し、順位をつけて判定するという仕事も行なっています。

この社員研修は、人を育てるという目的よりも人材の見きわめを行なって抜擢するというところにウエイトが置かれます。したがって、社員研修のスタイルも講義型ではなく、参加型で行ないます。あらかじめ研修で行なうテーマを決めておき、それに対してさまざまな型で取り組んでもらうのです。

・グループディスカッションをしてもらう
・3分間スピーチをしてもらう

・レポートを発表してもらう
・ワークシートに取り組んでもらう
・自己申告をしてもらう
・アンケートに答えてもらう
・質問に対して答えてもらう
・模範演技をしてもらう
・適性検査を受けてもらう

など、さまざまなスタイルを通じて能力を発揮してもらいます。

参加人数にもよりますが、実質8～12時間ぐらいかけて研修を行ないます。短時間の研修ですが、どのテーマについても参加型で取り組んでいただくため、本人の実力レベルを、ほぼ適切かつ客観的に評価することができます。評価結果は、一覧表にまとめて依頼先へ報告しています。

選抜研修を通じての人材評価という仕事は、一度気に入っていただくと定期的に利用していただくことにもつながるため、チャンスがあれば挑戦してみる価値があります。

参考までに、研修報告書のサンプルを示しておきます（次ページ）。

## 『人材評価集合研修』成績一覧表

〔平成18年○月○日～○日実施〕　（判定責任者）有限会社ベストビジネス 取締役社長・中小企業診断士　岡部 穂積

| 順位 | 昇格判定 | 氏名 | 事業所 | 所属課 | 年齢 | CUBIC適性検査 | 意識調査（自己申告） | アンケート | テスト | グループディスカッション | 3分間スピーチ | 勝つための具体策<br>レポート | 勝つための具体策<br>発表 | 研修生の相互評価 | コメント能力評価能力 | 合計 | 総合判定 |
|---|---|---|---|---|---|---|---|---|---|---|---|---|---|---|---|---|---|
| | | | | | | 20点 | 10点 | 5点 | 5点 | 20点 | 10点 | 15点 | 5点 | 5点 | 5点 | 100点満点 | |
| 1 | ○ | | | | | 8(D)<br>適性検査の結果はあまり良くない | 8 | 4 | 2 | 16 | 8.7 | 9 | 4 | 3.9 | 3 | 66.6 | 全般的に活躍することができた。<br>他のメンバーを一歩リードしており、昇格させても良いと思われる。<br>ただし、適性検査の結果があまり良くないので、今後更なる努力が必要と思われる。 |
| 2 | ○ | | | | | 8(D)<br>適性検査の結果はあまり良くない | 8 | 4 | 2 | 14 | 5.8 | 9 | 3.3 | 3.1 | 3 | 60.2 | 意識レベルが高く、レポートの内容も良好。<br>グループディスカッションでも活躍することができた。<br>昇格させても良いと思われる。ただし、適性検査の結果があまり良くないので、今後更なる努力が必要と思われる。 |
| 3 | ○ | | | | | 12(C)<br>適性検査の結果はまずまず | 4 | 3 | 1 | 14 | 8.2 | 6 | 3.3 | 3.7 | 3.5 | 58.7 | グループディスカッションでは、積極的な役割を果たし活躍することができた。3分間スピーチにも迫力が感じられた。<br>テストの点が低いことや態度面にやや問題があるなどの弱点があるが、うまく使えば力を発揮する可能性がある。昇格させても良いと思われる。 |
| 4 | ○<br>（△） | | | | | 2(E)<br>適性検査の結果は悪い | 8 | 4 | 2 | 16 | 7.3 | 3 | 3.7 | 3.9 | 3 | 52.9 | 意識レベルが高く、グループディスカッションでも活躍することができた。<br>他の研修生からの評価も高い。<br>昇格については検討しても良いが、適性検査の結果が悪いので、今後かなり努力することが必要となる。 |
| 5 | △<br>（○） | | | | | 12(C)<br>適性検査の結果はまずまず | 8 | 4 | 2 | 8 | 7.1 | 3 | 3.2 | 3.3 | 2 | 52.6 | 意識レベルが高い点は評価できる。<br>その他、特に目立って評価できる点はないが、平均以上の活躍はできた。<br>昇格については十分に検討する必要がある。 |
| 6 | △<br>（○） | | | | | 6(D)<br>適性検査の結果はあまり良くない | 8 | 2 | 4 | 10 | 6.9 | 6 | 3 | 3.1 | 3.5 | 52.5 | 意欲を打ち出している点、テストの結果、コメント能力などは評価できる。<br>ただし、適性検査の結果があまり良くないので、今後更なる努力が必要と思われる。昇格については十分に検討する必要がある。 |
| 7 | △ | | | | | 12(C)<br>適性検査の結果はまずまず | 6 | 3 | 1 | 8 | 6.4 | 6 | 3.3 | 3.1 | 2 | 50.8 | 特に評価できる点はなく、平均点である。<br>工場でコツコツ働いてもらうには問題ない。<br>昇格については何とも言えない。 |
| 8 | △ | | | | | 16(B)<br>適性検査の結果は良好 | 4 | 2 | 2 | 8 | 5.3 | 3 | 3 | 3.1 | 1.5 | 47.9 | 適性検査の結果が一番良かったところが評価できる。<br>今の職場に適していると考えられる。<br>ただし、それ以外の部分では特にアピールできる材料がなく、昇格については何とも言えない。 |
| 8 | △ | | | | | 12(C)<br>適性検査の結果はまずまず | 6 | 3 | 2 | 8 | 6.2 | 3 | 2.3 | 2.9 | 2.5 | 47.9 | 前回の研修に比べて、確実に成長している点は評価できる。<br>ただし、全般的に平凡であり、昇格については何とも言えない。 |
| 10 | △ | | | | | 12(C)<br>適性検査の結果はまずまず | 4 | 2 | 3 | 8 | 6.4 | 3 | 3.3 | 3.1 | 2.5 | 47.3 | 適性検査では、2番目に良かった点が評価できる。<br>今の職場に適していると考えられる。<br>ただし、それ以外の部分では特にアピールできる材料がなく、昇格については何とも言えない。 |
| 11 | △ | | | | | 12(C)<br>適性検査の結果はまずまず | 4 | 3 | 2 | 10 | 4.6 | 3 | 2.7 | 3.4 | 2.5 | 47.2 | 研修生の相互評価においては比較的良好な点数を得ている。<br>声が大きく、明るさもある。<br>ただし、全般的に平凡であり、昇格については何とも言えない。 |
| 12 | × | | | | | 6(D)<br>適性検査の結果はあまり良くない（信頼係数低い） | 4 | 4 | 1 | 10 | 6.0 | 3 | 2.7 | 3 | 3 | 42.7 | グループディスカッションでは、ある程度存在感を示すことができたが、それ以外ではあまり活躍できなかった。<br>昇格させるのは困難と思われる。 |
| 13 | × | | | | | 4(E)<br>適性検査の結果は悪い | 2 | 2 | 2 | 4 | 6.2 | 3 | 2.3 | 3 | 2 | 30.5 | 全般的にレベルが低く、昇格させるのは困難と思われる。 |
| 14 | × | | | | | 2(E)<br>適性検査の結果は悪い | 4 | 3 | 2 | 4 | 5.6 | 3 | 2 | 2.3 | 2 | 29.9 | 全般的にレベルが低く、昇格させるのは困難と思われる。 |
| 15 | × | | | | | 2(E)<br>適性検査の結果は悪い | 2 | 1 | 4 | 4 | 2.9 | 6 | 2 | 2.6 | 2 | 28.5 | 全般的にレベルが低く、昇格させるのは困難と思われる。 |

# 適性検査の実施で見えないウソを見抜く

適性検査のソフトウェアを、ひとつ持っておくと便利です。ソフトウェアを購入するのをためらうのであれば、適性検査を実施している企業の代理店になってもいいでしょう。

適性検査が便利なのは、面接だけでは見抜くことができない、応募者の心理状態や業務への適性を見抜くことができるからです。適性検査を実施することによって、採用に失敗する確率を減らすことができます。

また、管理職への登用や配置転換をする場合の判断材料として利用することもできます。

さらには、社員一人ひとりの気質や特徴、現在のやる気の状態まで把握することができるため、社員の状況把握の材料として利用することも可能です。

たとえば、次にどの社員が辞める可能性が高いか、積極的でやる気のある社員は誰か、素直な人は誰か、などもある程度わかってしまうのです。

人は誰でも、自分を守るために無意識のうちにウソをつくことがあります。そのような場合でも、ある程度真実を見抜くことができます。

もちろん適性検査ですから、100%当たるというわけではありません。それでも、傾向をつかむのには非常に役立ちます。

この適性検査は、経営者から気に入ってもらうことができると、採用試験のたびに繰り返し利用していただくことにもつながります。

## 目標管理に夢と表彰をからめて社員のやる気を引き出す

マネジメントの手法として、目標管理は多かれ少なかれ各企業で行なわれています。部門目標や個人目標を設定し、毎月その結果をチェックしながら目標達成に向けて、さまざまな手段を講じていけばいいのです。

通常、企業は社員に対してやや高めの目標を設定し、その達成に向けた努力を要求します。それは、企業自体が生き残って発展し続けていくためにはやむを得ないことですが、社員にしてみれば、高い目標に挑戦し続けることは精神的にも肉体的にもたいへんです。

ですから、その高い目標にチャレンジし続けるためのエネルギーがどうしても必要になります。

夢を抱くことができたとき、自分自身が認められ、自分の価値が高まりつつあることが実感できたとき、人はやる気を出します。経営者は社員に夢を与え、社員の価値を認める努力をしなければなりません。

私は、経営理念を作るお手伝いをしたことがありますが、そのときは、できる限り社員に夢を与えるような経営理念を作るようにアドバイスしました。そして常々、その夢を社員に語るようにおすすめしています。

また、予算は取れないけれども、どうしても社員にやる気になってもらいたいという経営者に対しては、表彰制度の導入をおすすめしています。年に1回、全社員を集めて表彰式を行なうのです。表彰状と金一封を渡してほめたうえで、全員で拍手をします。社員は大勢の前で表彰されることで、自分の努力が報われたと感じてやる気を出します。

ボーナスとして10万円を支給しても、「たった10万円のボーナス」としか思われませんが、表彰制度で3万円の金一封をもらった社員は、本当にうれしそうな顔をします。

私の仕事は、表彰状を作るお手伝い、表彰の基準を考えるお手伝い、金一封のネーミングのお手伝い、ほめ言葉をまとめるお手伝い、表彰式でコメントするお手伝いなど、どれも簡単なものですが、表彰制度を導入した企業からはたいへん好評です。

## 回収期間法をベースに設備投資の妥当性をアドバイスする

「新しい機械を買おうと思うのですが、どう思われますか？」
「新しい店舗を立ち上げようと思うのですが、どうでしょうか？」
このような相談を受けたとき、私がまず第一に考えることは、「何年で元が取れるのか」ということです。設備投資の回収期間が、短ければ短いほどリスクは少なくなるからです。

相談してくる経営者は、さまざまな理由から設備投資をしたいと考えますが、投資金額が大きくなればなるほど不安を感じます。また、その設備投資が成功する保証がないことに対しても不安を感じるものです。

そんなとき、すぐに「大丈夫ですよ。この設備投資は必ず成功します」と言ってあげれば相手は安心するのでしょうが、何の根拠もなく言い切るのは良心的なコンサルタントとは思えません。

そこで私は、今回の設備投資によって収益はどのように変化する見込みなのか、そして何年で元が取れるのかを一緒に検討します。

売上げはどれぐらい伸びると見込まれるのか？

諸経費はどれぐらい増えると見込まれるのか？

利益はどれぐらい増えると見込まれるのか？

そして、何年で元が取れるのかを、数字を記入しながらたしかめていくようにしています。

もちろん未来のことですから、正確な数字はわかりません。あくまでも予測です。それでも、真剣に検討すれば、うまくいきそうかどうかは、だいたいの見当がつきます。予想としてはこれぐらい、悪くてもこれぐらい、ということがわかってきます。

そして、ほぼ数字が固まったところで、「これなら、何とかいけそうですね。〇年ぐらいで元が取れそうですね」、「これはかなり難しそうですね。元が取れそうにありません」などのコメントをするのです。

どうしても設備投資をしたいと経営者が決めている場合は、それが成功するための条件を伝えるようにしています。

たとえば、「毎月〇〇万円以上の売上げを上げることにより、毎月〇〇万円以上の利益を上げなければなりません。しかもその状態を、少なくとも〇年以上継続させなければなりません。毎月、○○万円以上の売上げを確保できるメドは立っていますか？」といった具合に確認を取ります。

設備投資の失敗は、その多くが「思ったほど売上げが伸びなかった」という原因によるものです。したがって、売上見込みを確実にしておくことが、設備投資成功の重要なポイントになります。

銀行からお金を借りたい一心で、売上見込みは高く、経費見込みは低くして収支の予想を立てる経営者をよく見かけますが、このやり方は危険です。売上げは確実に達成できるラインで、経費は多目に見込んで収支の予想を立てるべきです。

堅実な収支見込みによって、確実に利益が計上できると予想されるとき、そして比較的短期間のうちに、投下した資本が回収できると確信できたとき、その設備投資はかなりの確率で成功するはずです。

# お客様の声を集めて、改善ポイントを発見する

「お客様満足度を高めて評判を高め、ますます繁盛させていきたい」——経営者であれば、誰でも考えることです。しかし、いざお客様満足度を調べようとしても、社員やお客様に負担がかかるため、なかなか取り組むことができません。

そんなとき、「アンケート調査を行なってお客様の声を聞かせていただき、改善ポイントを発見しましょう。お客様満足度の向上に役立てましょう」と背中を押してあげると、経営者も思い切って、「アンケート調査をしよう」と決断することができます。

私は、コンサルティング業務のひとつとして、アンケート調査のお手伝いをすることがあります。そのときに行なう主な内容は、次の通りです。

**1　アンケートの目的を明確にする**

**2　アンケートの内容を一緒に考える**

**3 アンケートの実施方法を一緒に考える**

**4 アンケートの結果をまとめる**

**5 アンケートの結果を業務改善や社員研修につなげる。ときには、セールスの武器に使えるように加工する**

アンケート調査を行なってコンサルティングに役立てるという手法は平凡なやり方ですが、お客様の声を利用しているため説得力があります。

なお、アンケート用紙を作る際は、次のような項目を入れておくと、お客様の本音や重要な情報を得やすくなります。

1 当社を何でお知りになったのでしょうか？　きっかけを教えてください

2 なぜ、当社を利用しようと思われたのですか？　一番の理由を教えてください

3 当社を利用してみて、よいと感じることがあれば教えてください。また、当社を使い続けてくださっている理由を教えてください

4 当社を利用してみて、不十分だと感じること、不満に感じることなどがあれば教えてください

# 歯科医院の利用に関するアンケート

平成　　年　　月　　日

あなたが歯科医院の患者さんとして治療を受けたことを思い出しながら、アンケートにお答え下さい。

Q1．あなたは、最近、いつ頃歯科医院で治療を受けましたか？
（　①1ヶ月以内　②□ヶ月位前　③□年位前　）

Q2．なぜ歯科医院で治療を受けたのですか？（1つだけ○印をつけて下さい）
① 虫歯になったから　② 歯ぐきの具合が悪かったから
③ 入れ歯の具合が悪かったから（入れ歯を作り直したかったから）　④ 詰め物が取れたから
⑤ 定期的に行くことになっているから　⑥ 歯のクリーニングをしたかったから
⑦ 見た目をきれいにしたかったから　⑧ 口臭が気になったから
⑨ その他（　　　　　　　　　　　　　　　　　　　　　　　　　　　　）

Q3．どこの歯科医院を利用していますか？　歯科医院名をお書き下さい。（　　　　　　　　　　　　　　）

Q4．なぜ、その歯科医院を利用しているのですか？（2つ以内で○印をつけて下さい）
① 近いから　② 駐車場が広いから
③ 先生やスタッフが親切で感じが良いから（先生やスタッフが好きだから）
④ ドクターの腕がいいから（いいと思ったから）　⑤ 専門性が高いから（他ではできないから）
⑥ きれいで清潔だから　⑦ 営業時間が長くて便利だから　⑧ 昔からのなじみで気が楽だから
⑨ 待合室が快適だから　⑩ きちんと話を聞いてくれるから（自分の望む事をきちんとしてくれるから）
⑪ 料金が安いから　⑫ 説明をきちんとしてくれ、信用できるから（信頼できるから）
⑬ 特に理由はない（利用する歯科医院を変えてもいいと思っている）
⑭ その他（　　　　　　　　　　　　　　　　　　　　　　　　　　　　）

Q5．その歯科医院を利用したきっかけは何ですか？（1つだけ○印をつけて下さい）
① 看板や建物を見て利用した　② 友人や知人など、人からすすめられて利用した
③ 家族が利用していたから利用した
④ 何かの記事や広告を見て利用した⇒（何で知ったか[媒体名]：　　　　　　　　　　　）
⑤ その他（　　　　　　　　　　　　　　　　　　　　　　　　　　　　）

Q6．その歯科医院に対して一番望むことは何ですか？
（　　　　　　　　　　　　　　　　　　　　　　　　　　　　　　　　）

Q7．その歯科医院の一番嫌いなところはどんなところですか？
（　　　　　　　　　　　　　　　　　　　　　　　　　　　　　　　　）

Q8．その歯科医院が提供する治療やサービスの中で、特に気に入っているものは何ですか？
（　　　　　　　　　　　　　　　　　　　　　　　　　　　　　　　　）

Q9．あなたはその歯科医院をこれから先も利用すると思いますか？（1つだけ○印をつけて下さい）
① これから先もずっと利用すると思う　② 特に問題がなければ、たぶん利用し続けると思う
③ 近くに新しく歯科医院ができれば、そちらを利用するかもしれない
④ どこか他にいい歯科医院があれば、そのうち変えたいと思っている　⑤ 次回は絶対に利用しない
⑥ その他（　　　　　　　　　　　　　　　　　　　　　　　　　　　　）

Q10．これから先、どんな歯科医院がつぶれて行くと思いますか？　患者数が減ると思いますか？
（　　　　　　　　　　　　　　　　　　　　　　　　　　　　　　　　　　　）

Q11．あなたが歯医者に行かない（または行きたくない）最大の理由は何ですか？（1つだけ○印をつけて下さい）
① 痛い思いをするのがイヤだから　② 忙しくて時間が取れないから
③ 面倒くさくて行く気になれないから　④ 行く必要性を感じていないから
⑤ お金がもったいないから　⑥ とにかく歯医者が嫌いだから
⑦ その他（　　　　　　　　　　　　　　　　　　　　　　　　　　　　　　　　）

Q12．自分のお口の中のことで、何か気になっているところはありませんか？
（　　　　　　　　　　　　　　　　　　　　　　　　　　　　　　　　）

Q13．自分のお口の中のことで、人から何か指摘されたことはありませんか？
（　　　　　　　　　　　　　　　　　　　　　　　　　　　　　　　　）

Q14．次のサービスの中で、一番利用したいと思うのはどれですか？（1つだけ○印をつけて下さい）
① 歯の汚れを落とす歯のクリーニング（歯がツルツルになり、虫歯や歯周病を防ぐ）
② 歯の着色を落とし、白い歯にするホワイトニング（歯が白く美しくなる）
③ 虫歯の発生を防ぐフッ素を塗るサービス　④ 虫歯になりやすいかどうかを判定する虫歯テスト
⑤ 歯並びを美しくするための矯正相談　⑥ 口臭を少なくする口臭治療
⑦ お口に関するあらゆる相談を聞いてもらえる15分間無料カウンセリング
⑧ イビキの音を小さくするイビキ軽減治療
⑨ 美人（または美男子）による気持ちの良いマッサージ
⑩ 痛くない治療

Q15．歯科医院でもっと充実させて欲しいサービスは何ですか？（1つだけ○印をつけて下さい）
① 無料で飲める飲み物を提供して欲しい（ミネラルウォーター、スポーツドリンク、コーヒー、お茶など）
② 待つのが楽しくなるように、もっと雑誌類を充実させて欲しい
③ 子供が退屈しないように、おもちゃ、ゲーム、ビデオなどを充実させて欲しい
④ 小さな子供を預かって欲しい（子守り）
⑤ 待合室にもっとリラックスできるような（居眠りできるような）ソファーを置いて欲しい
⑥ もっとリラックスできるようなBGMを流して欲しい
⑦ もっとリラックスできるような香りの良い所にして欲しい
⑧ 何をするにもきちんと説明して欲しい　⑨ もっと笑顔を見せるなど親切にして欲しい
⑩ テレビを置いて欲しい　⑪ 冷房と暖房をもっと快適にして欲しい
⑫ その他（　　　　　　　　　　　　　　　　　　　　　　　　　　　　）

Q16．ふだん歯科医院で不満に思っていること（直してほしいこと）は何ですか？（2つ以内で○印をつけて下さい）
① 痛い　② 無神経　③ 待たせる　④ 設備が古い　⑤ 院内が不潔　⑥ 治療が乱暴
⑦ 治療費が高い　⑧ 説明が足りない　⑨ドクターがいばる　⑩ 話を聞いてくれない
⑪ こわい（音・削られること）　⑫ 自費治療ばかりすすめる　⑬ 人によって態度を変える
⑭ スタッフのマナーが悪い　⑮ 電話の応対が悪い　⑯ 治療がなかなか終わらない
⑰ その他（　　　　　　　　　　　　　　　　　　　　　　　　　　　　）

Q17．歯科医院に対して言いたいことがあれば、何でも自由に書いてみて下さい。

Q18．あなたの性別・年代をお知らせ下さい。（○印をつけて下さい）

（　男・女　）（　10代・20代・30代・40代・50代・60代・70代　）

ご協力ありがとうございました。

5　当社に対するご意見、ご希望等がございましたら、何でもご自由にご記入ください

参考までに、私がある歯科医院の患者に対して行なったアンケートをご紹介します（前ページ参照）。私はこのアンケートから貴重な情報を得ることができ、歯科医院の経営コンサルティングに、そして歯科医院向けセミナーに役立てることができました。

## 現場を観察し、改善ポイントを発見する

日頃からいろいろな現場を意識してたくさん見ておくと、現場を訪問しただけで改善ポイントが見えるようになっていきます。

たとえば、看板、駐車場、建物の外観・内装・照明、5Sの状況、接客のあり方、説明の仕方など、業績のよい店と悪い店ではどこが違うのかが見えるようになっていきます。

その違いがわかるようになれば、現場を訪問したとき、どこをどう改善すればいいのかというアドバイスができるようになります。

そのためにも、日頃から数多くの現場を見ておくことが大切です。私がさまざまなアドバイスができるのも、たくさんの現場を知っているからだと思います。

それから、一つひとつの現場を深く知るということも大切です。

・最も目立つ看板のあり方はどうすればよいのか？
・最も入りやすく出やすい駐車場とは？
・新しいお客様を引きつけるような魅力ある外観、内装、照明にするにはどうすればいいのか？
・お客様満足度を高め、リピーターを増やしていく接客はどうすればいいのか？
・売上げを伸ばす営業の武器はどのようなものか？

など、一つひとつを深く掘り下げながら現場を観察するようにしてください。

これらの経験を積極的に積み重ねることにより、コンサルティング能力のレベルアップが少しずつ実現していくことでしょう。現場を観察し、改善ポイントをアドバイスするというやり方は、誰にでもできる実践的な手法です。積極的にチャレンジしてみてください。

## マンツーマン・ヒアリングで社員のレベルとやる気の状態を見抜く

私は、経営コンサルティングや社員研修を行なうに当たって、マンツーマン・ヒアリングを行なうことがよくあります。マンツーマン・ヒアリングを行なうことで、一人ひとりの社員をよく知ることができるからです。それぞれの社員の第一印象はどうか、どんな考え方をしているのか、仕事に対するやる気はあるか、社員としてのレベルはどうかなど、かなりの部分を見抜くことができます。

問題がある人の場合、マンツーマン・ヒアリングをしているとき、とても嫌な感じが伝わってくることがあります。

「この人、感じ悪いなあ。こんな人がいたらお客様は増えないだろうな」

「自己中心的な人だなあ。こんな考え方をしているようでは、他の社員にも悪影響を与えるだろうな」

「この人は暗くて元気がないし、やる気が感じられない」

「この人はピントはずれなことばかり言うしレベルが低いなあ。経営者も苦労しているだろう」

など、さまざまなことを感じます。そして、その直観は長期的に見た場合、なぜか当たる場合が少なくありません。

マンツーマン・ヒアリングの結果があまりにもひどい場合は、社員教育をしてもムダになることが多いため、上手に社員を入れ替えることをおすすめするようにしています。社員教育をすることで、レベルアップする可能性がある人に対しては、全力で社員教育を行ない、レベルアップに挑戦してもらいます。ときには、1対1で徹底的に教育をする場合もあります。

マンツーマン・ヒアリングは1対1の真剣勝負です。相手が強烈なマイナスエネルギーを発する人の場合とても疲れますが、早い段階でその社員のレベルを知ることができるため、とても役立ちます。

第三者として、またコンサルタントとして客観的な目でマンツーマン・ヒアリングを行ない、指導を行なってみてください。忙しくて、1人ひとりの社員教育にまで手が回らない経営者から喜ばれるはずです。

# 電話応対チェックで顧客に対する第一印象を診断する

電話応対の良し悪しが売上げに大きな影響を与える業種も少なくありません。そのような業種においては、電話応対をよくしていく社員研修が必要です。

社員研修と言っても、講義形式ではどうしても限界があります。実際の電話応対の現場を押さえたうえで指導するのが効果的です。半日くらい現場に張り付いて電話応対をチェックしてみると、社員の電話応対のレベルがわかります。時間的に余裕があり、あるいは十分な料金がいただけるなら、この方法は有効です。

しかし、限られた時間と料金で電話応対のレベルをチェックしなければならない場合はどうしたらいいのでしょうか？

一度、新規客のふりをして電話をかけてみてください。あるいは、身分を正直に伝えて定期的に電話を入れて感じのよさをチェックしてみましょう。いつ電話しても、感じのよい印象で対応してくれれば合格です。

挨拶が元気にしっかりできているか。明るく感じのよい声が出せているか、などが重要なポイントです。電話をするたびに１００点満点で採点して記録を残し、経営者に報告します。また、電話をするたびに、電話に出た人にワンポイント・アドバイスを行ない、レベルアップに挑戦させます。

電話応対を徹底的に指導し、また電話応対を行なうすべての社員に売上アップに対する強烈な意識を持たせることで、売上げは確実に伸びていくはずです。

## 営業の武器づくりをサポート

小規模企業においては、自分たちだけではなかなか〝営業の武器〟が作れないという現実があります。平凡な名刺とパンフレットがあるだけ、という企業も少なくありません。

私は、営業の武器づくりをサポートすることにより、売上アップを実現するという仕事にも取り組んできました。

私がサポートしてきた主なものは、ポスター、アンケート用紙、ダイレクトメール（ハガキ）、チラシ、オリジナル名刺、看板、お客様向けの会報、料金表、説明表、説明ファイル、商品サンプル、広告の原稿などです。

これらの営業の武器はすべてオリジナルですが、すべてを自分で作ったわけではありません。

基本的には、お客様との共同作業で作り上げていきます。作り方のパターンはさまざまです。

（パターンその1）私がサンプルを提供し、それをお客様と一緒に修正していく

（パターンその2）私が編集長的な役割をしながら、顧客企業の社員に原稿を書いてもらう

（パターンその3）宿題方式やグループ・ディスカッション方式で、最初から最後まで顧客企業の社員に原案を作ってもらい、それを私が修正する

原稿がすべて完成したら、後はパソコンと市販のソフトを使って作り上げます。写真もイラストも取り込めるため、印刷会社に依頼しなくても、ある程度のレベルのものを作ることができます。ただし、作成部数が多いものは、コストの関係で印刷会社に外注するようにしています。

一緒に営業の武器を作るという仕事は、直接的に売上アップに貢献できるだけでなく、顧客企業の社員の営業力をレベルアップさせることにも役立ちます。一人ひとりの社員が今までよりも売ることができるようになっていくのです。社員の営業力を高めるという営業研修を兼ねたコンサルティングを展開できるため、実戦的に役立っています。

# 7章

# さらなる成功を目指す方へのアドバイス

## ダイレクトメールの実験でわかったこと

6ヶ月契約で月々通常の料金をいただく場合と、1年契約で月々の料金を20％割引する場合とではどちらのほうが、お客様の申込み比率が高いでしょうか？

今回、私が行なった実験では、67％の人が1年契約で20％の割引を選びました。20％割引は魅力がある、と判断されたのです。

お客様は20％割引で得をしていますが、実は私も得をしています。なぜなら、契約期間が2倍になっているため、トータルの売上げは1・6倍（0・8＋0・8＝1・6）になるからです。また、取引期間を長期化させることで、月々の売上げを安定させることにも成功しています。

ただしこの作戦は、2割引でも十分に利益の出るような商品やサービスに限定されます。割引作戦は、頻繁にやりすぎると利益率を低下させ、自分で自分の首を絞めることになるため、あまり多用することはおすすめしません。

十分に利益が出ている商品やサービスに限定したうえで、ケースバイケースで利用することをおすすめします。

「料金は1本で提示するのではなく、より魅力的な選択肢と合わせて提示する。そして、お客様に得をさせて、こちらもトータルでは得をする」

このような提案をすることで稼いでいきたいものです。

## オーバーチュア広告とアドワーズ広告の実験でわかったこと

インターネット広告を使って売上アップに挑戦している人は少なくありません。自分以外の人間でも売上げが確保できるようなしくみを作っておくことは、プラスアルファの収入を得るうえでとても大切です。

自分自身が、経営コンサルタントとしてある程度売れっ子になったとしても、1人でできることの限界があります。コンサルティングメニューの多様化とサービスのシステム化を図って、自分以外の人間でも売上げが確保できるようにしていきましょう。

ということで私は、ある社員に「自分でも少し売上げを上げるように」という指示をしました。

その社員はコンサルティング能力も営業能力もありませんが、プラスアルファの収入を生み出すことに成功しました。まだまだ少額ですが、ひとつの成功体験です。

その方法とは、オーバーチュア広告とアドワーズ広告です。今ではありふれた方法ですが、やり方によっては、利益を生み出すことができるということを実感しました。

以下は、その社員の喜びの声です。

---

はじめまして、鈴村と申します。ふだんは事務所の中で働いております。

今回、新たな売上アップを目指すということで、適性検査の売上アップに挑戦しました。

具体的な方法としては、

1　ホームページを作成する

２　インターネット広告のオーバーチュア広告・アドワーズ広告を出す
３　資料請求＆無料判定に申し込んでもらう
４　有料利用で定期的に利用してもらう

これまでは、地元の顧問先や中小企業のお客様にご利用いただいていましたが、インターネット広告を利用することで、全国からご利用いただけるようになりました。

インターネット広告には、まだ多くの可能性があります。資料請求も毎日寄せられており、４月の売上げも過去最高を記録しました。

毎日、目に見えて売上げが上がっていくとうれしいですね。

まだまだこれからの事業ですが、営業方法を工夫して、さらなる売上アップを目指したいと思います。

参考までに、ホームページのアドレスをお知らせします。どうぞご覧ください。

(http://tekiseikensa.com)

---

このような実験を繰り返し、小さな成功を積み重ねていくことによって、新たな発展を

手に入れることができます。ときには、実験に予算を投入してみることも大切でしょう。

## 顧客とのアポイントを先々まで取っておく

私の場合、コンサルティングや社員研修のアポイントは、通常２ヶ月先まで取るようにしています。また必要に応じて、その先々まで入れるようにしています。気の早い顧客になると、１年先までスケジュールを押さえてくる人もいます。そして、手帳にしっかりアポの状況を記録し、ひと目でわかるようにしています。

そうしておかないと、新しい仕事が発生したとき、依頼が受けられるかどうか判断がつかなくなってしまうからです。また、顧客の希望する日程に応えられなくなってしまう恐れもあります。

売上げが上がる仕事のアポイントを先々まできちんと詰めておくことによって、毎月の安定的な売上げが実現していきます。

顧客との信頼関係があれば、アポイントはかなり先まで取ることが可能です。今までのアポイントより、さらに長期間のアポイントに挑戦してみましょう。アポイントが先々まで取れるようになれば、今までよりも確実に稼げるようになっていきます。

## 仕事の時間帯はお客様の都合を優先させる

私は、お客様の都合に合わせて、手帳にどんどんスケジュールを書き込んでいます。たとえば、次のような時間帯でアポイントをどんどん取っていきます。

・朝7時から9時までの営業研修
・昼12時から2時までのスタッフ研修とコンサルティング
・夜8時から10時までのコンサルティング
・土曜日午後2時から4時までの幹部会議での指導
・土曜日や日曜日の3時間セミナーの講師

このようにアポイントを入れていくと、朝7時半から夜10時まで仕事をしなければならないケースも発生します。

土曜日は、当社の社員は休ませていますが、私はアポイントが入るため、土曜日はほとんど毎週働いています。ですから、日曜日にセミナー講師の仕事が入ったときなどは、2週続けて働き通しになってしまいます。それでも、上手にひと息つきながら仕事をしているため体を壊すこともなく、なんとかうまくやっています。

経営コンサルタントは、自分で決めた時間で働くのではなく、お客様の都合に合わせて仕事をするのが基本です。そのため、時間的に楽をしたいと考えている人には少し厳しい仕事かもしれません。「朝でも夜でも、土日でも、喜んで仕事をさせてもらいます」という精神で、どんな時間帯でも喜んで仕事を引き受けるべきです。

## お客様とともに成長しよう

一所懸命仕事をしていると、ツキのある社長にめぐり会えることがあります。ツキのある社長は、会社をどんどん大きくしていきます。その社長のパートナーとなり、全力で支援をしていると自動的に仕事が増え、コンサルティング料金も上昇していきます。

普通は、料金を値上げするのは非常に難しいことです。ところが、ツキのある社長と付き合っていると自然に仕事量が増え、それに見合った料金の値上げが可能になっていきます。

こうして、月々5万2500円だったコンサルティング料金が、月々18万9000円になった会社があります。

仕事量が増えすぎてたいへんなこともありますが、すべてを自分で抱え込まず、相手の会社の社員の自主性を上手に引き出し、彼らに業務を分担してもらうことで仕事の効率が高まり、採算性をよくすることができます。

ツキのある社長とタッグを組み、その会社の成長発展を全力で支援することに集中していきましょう。相手の会社がどんどんよくなっていけば、自分もどんどんよくなっていくはずです。その結果、お客様とともに成長できる喜びを感じることができるようになっていくことでしょう。

# ともに喜びと利益を分かち合える人脈を大切にする

私は、歯科医院経営コンサルティングを主力事業のひとつにしています。この事業分野である程度成功できたのは、ある大手歯科技工所の社長に信頼していただき、応援していただいたおかげです。

その社長とは、喜びと利益を分かち合える関係になっており、本当に楽しく仕事をさせていただいています。十年以上に渡り、途切れることなく次々と仕事を依頼していただいているだけでなく、新しい顧客も次々と紹介していただいています。心から信頼してくださっている証拠でしょう。

私は、このような社長との人脈を大切にすることで、1人でがんばるよりも、成功するスピードを加速させることができました。どのような分野を専門にするにしろ、社外に、ともに喜びと利益を分かち合える人脈を築いておくことは非常に重要です。

そのような人脈を作りたいのなら、相手がどうしたら儲かるのか、どうしたら喜んでくれるのかを第一に考え、それに集中することが大切です。よい人脈を得たいなら、もっと集中して相手のメリットを考えることが重要です。

## 稼いでいる税理士や社会保険労務士との人脈を大切にしよう

稼いでいる税理士や社会保険労務士などは、良質なノウハウがほしいと思ったときは、それに思い切ったお金を出すことがあります。

私は、歯科コンサルティングの技術を、ビデオ（DVD）づくりとマニュアルづくりを通じて、そのノウハウを貯め込んでいますが、ぜひそれを譲ってほしいという税理士の先生が現われました。

ある企業の社長の紹介で、業務提携したらどうかということで食事をすることになりました。紹介者が信用ある人物だったため、私のこともすぐに信用していただき、話はトントン拍子にすすみました。

そして、とりあえずそのノウハウを勉強したいので、歯科医院向けのビデオ（DVD）

とマニュアルをすべて譲ってほしいと、値段も聞かずにその場で即決されたのです。

私は、自分のノウハウが流出すると市場が荒れるのを知っていたため、少しためらいましたが、ビデオをダビングしない、無断でコピーして配布しないということで売ることにしました。一括で約80万円の臨時収入となりました。

なぜ、80万円ものお金を支払っていただくことができたのでしょうか？　それはその税理士が、自分の事務所を発展させるノウハウを手に入れたいと強く願っていたからです。歯科医院に特化することによって、その地域の歯科医院を顧客にしていきたいと願ったからです。また、すでに顧客となっている歯科医院に対して、価値のあるアドバイスをして評価されたいと願ったからです。

このように、相手に強い欲求がある場合には、売り手と買い手双方にメリットが発生するため、取引が成立します。ただし、相手に強い欲求があっても、相手の支払能力が不十分な場合は、残念ながら取引成立には至りません。

ある程度稼いでいる税理士や社会保険労務士との人脈を大切にしてください。思わぬ収入につながることがあるからです。

## 社員研修をしやすい雰囲気の作り方

経営コンサルタントの重要な業務のひとつに社員研修があります。私は、各企業の社員研修の講師も担当しています。各企業の現場で、社員を集めて定期的に研修を行ない、企業の業績アップにつなげていくのです。

いろいろな会社や病院、歯科医院の研修を担当していて気づいたことのひとつに、研修がしやすく業績アップを実現しやすい雰囲気と、研修がやりにくく、なかなか業績アップが実現しない雰囲気がある、ということがあります。

私が、とくにやりにくいと感じる職場は次のような職場です。

1　経営者と社員の人間関係がこじれている職場
2　経営者に対して、社員が平気で失礼な態度を取ることが許されている職場
3　経営者や幹部が、社員を叱れない職場

4　社員に対して、辞められては困るということで、腫れ物に触るように接している職場

5　研修講師に対して、反抗的な態度や失礼な態度を取ることが許されている職場

6　人の話を素直に聞くことができない、自己中心的な社員が多い職場

　このような職場での社員研修は、雰囲気が悪いため非常に苦労します。それでも何とか、社員研修をしやすい雰囲気、業績アップを実現しやすい雰囲気を作っていかなければなりません。そのためには、いろいろな工夫が求められますが、重要なポイントのひとつに一体感づくりがあります。

　そのためには、目標や使命を共有すること。夢や明るい将来像を共有することが大切です。そして、一緒になってその実現に取り組むことが、結局は自分たちの利益になるのだということを伝えていくのです。1人でも多くの人に、心から協力してもらえるように、熱意を込めて訴え続けていくことで心理的な距離感を少しずつ縮めていくような働きかけをするのです。

　それから、もうひとつ大切なことは、物理的な距離感をなくし、一体感を高めるということです。研修や会議をする場合は、なるべく机やイスを密集させ、お互いが近くで話し合えるようにします。社員がひとつの固まりになるだけで、社員研修や会議がしやすくな

るのが実感できます。

## 嫌な体験を喜ぶ

経営コンサルタントはやりがいのある仕事ですが、他の仕事同様、嫌な思いをすることもあります。問題の解決策が見つからない場合などは、繰り返し不快な思いをすることもあります。

たとえば、露骨に反抗的な態度を取るような人物を、お客様からの依頼で教育をしなければならない場合などです。

不良社員をクビにできないという状況の中で、言いたいことも言えずに社員教育をしなければならないのはかなりのストレスです。私も人間ですから、腹が立つこともあります。それでも、社長や院長が困っている以上、嫌な思いをしても、可能な限りの協力をしなければなりません。誠意と熱意を持って、粘り強く対応するようにしています。

私は、嫌な体験をしたときでも、「これはいい財産になる」と喜ぶように心がけています。

なぜなら、嫌な体験をしても、それを乗り越えることができたとき、それ以上に得られるものが多いからです。困難を乗り越えた体験が多いと、体験に裏打ちされた知恵と本物の自信が身についていきます。その結果、人を導くことができる迫力を高めていくことができるようになるのです。

## ホームページのバージョンアップに挑戦する

ホームページは見る人、すなわち顧客層を意識して作らなければならないため、私は顧客層に合わせて四つのホームページを作りました。

1　歯科医院向けホームページ（院長に見ていただくことを想定）
2　中小企業向けホームページ（中小企業の社長に見ていただくことを想定）
3　中小企業診断士・経営コンサルタント向けホームページ（中小企業診断士、税理士、社会保険労務士、経営コンサルタントなどに見ていただくことを想定）

### 4　採用担当者向けホームページ（中小企業の社長、あるいは採用を担当する社員に見ていただくことを想定）

これら四つのホームページは、私の会社の社員による手づくりのホームページであり、ほとんどコストをかけずに作成したものですが、それぞれのホームページがプラスの成果を生み出してきました。しかし、見栄えなどの点で、やはり手づくりの限界というものがあります。

最近は、ホームページを見る人が増えてきたため、もっとホームページをレベルアップさせなければならないと感じていました。

またホームページは、ダイレクトメールやインターネット広告と組み合わせることで、売上アップの手段ともなるため、さらに売上げを伸ばすためにもバージョンアップしていく必要性を感じていました。

私の場合、今までホームページは販売促進面において、それほど大きなウエイトを占めていませんでしたが、これからは今までよりも影響が大きくなりそうなので、少し力を入れることにしました。

まずは、手づくりの限界を突破するために、外注して専門の人に作ってもらうことにしました。それに合わせて、二つの主力ホームページ（歯科医院向けホームページと中小企業向けホームページ）の内容を大幅に修正しました。今までのホームページよりもレベルアップできたと実感しています。

私がとくに工夫したのは次の4点です。

**1　トップページから続く文章**

**2　トップページのメニュー項目**

**3　メニュー項目の中に、「経営コンサルティング会社を選ぶときの注意点」という項目を入れ、利用する会社を選ぶ際の基準を示したこと**

**4　メニュー項目の中に「料金表一覧」を入れ、サービスメニューの概要と料金を明らかにしたこと**

などです。

## これから生き残っていくことができる中小企業診断士とは

### 1　医療部門に特化したタイプ

私の場合、歯科医院に特化することによって、しっかりした基盤を築くことに成功しましたが、実は内科医院や病院に対してもコンサルティングしています。

病院長は、そのほとんどがプレイングマネージャーであり非常に多忙なため、自分を楽にしてくれる相談相手を求めています。そのため医療部門のコンサルティングは、まだまだ多くの市場が残されています。大手コンサルティング会社や大手会計事務所だけでは、十分なサポートができているとは言えないからです。

地元密着型のコンサルタントとして、医療部門に特化してみてはいかがでしょうか？

### 2　抜群の営業力があるタイプ

中小企業診断士の最大の弱点は、資格を取ったからと言って、自然に仕事が入ってくるわけではないということです。中小企業診断士の資格は取ったものの独立できない人が多いのは、サラリーマンでいるよりも稼げるという確信が持てないからです。

中小企業診断士として生き残るためには、十分な営業経験を積んで成果を出し、営業に対する自信をつけておくことが大切です。特殊な才能に恵まれたごくひと握りの人を除き、中小企業診断士程度の知識だけではあまりお金にはなりません。

それより、商品でも、サービスでも、自分自身でも、喜んで相手に利用していただくことができる抜群の営業力を身につけておくことが大切です。

抜群の営業力さえあれば、自分自身の仕事がなくて困るようなことにはなりません。また、多くの企業に対して、売上アップに向けてのコンサルティングや社員研修も行なうことができます。

### 3　企業とともに成長していくタイプ

中小企業診断士が、楽しく仕事を続けていくためには、成長し続ける企業に深く入り込み、ともに成長していくのが理想的です。過去の知識の切り売りだけでは、生き残っていくことはできません。時代の流れに合わせて変化への挑戦を続け、顧客とともに成長していくことが大切です。

成長企業の社長と強い信頼関係が結ばれていて、長期間に渡って取引を継続しているなら、これからも生き残っていくことができるでしょう。

### 4　成功者に学び、すぐに真似することができるタイプ

アメリカのトップコンサルタントのノウハウを学び、それを実務に応用してすばらしい成果を出しているコンサルタントがいます。また、自分より優れた成功者を見つけては、成功に至るまでのプロセスや知恵を吸収しようと努力する人もいます。

効果的なノウハウを素早く吸収して実務に応用し、成果を上げていくタイプは、時間を効率的に使っていくことができるため、他人よりも一歩リードすることができます。

### 5　自分の専門ノウハウの商品化に成功し、マニュアルやビデオ（DVD）にして売ることができるタイプ

自分の専門ノウハウが、実際に売れるということが大切です。どんなにすばらしい専門分野を持っていたとしても、売れなければ生き残っていくことはできません。

自分の専門ノウハウをまとめたマニュアルやビデオを効率的に売り続けていく方法を考えましょう。

## 6　現場主義で確実に成果を出せるタイプ

現場に密着して、現場で確実に成果を出していくタイプの中小企業診断士は、長期に渡って生き残っていくことができます。

現場で目に見える成果を出すことは、顧客が最も望んでいることのひとつであり、これができている間は、いつまでもお客様から必要とされ続けるからです。

## 7　コストパフォーマンスのよい広告宣伝を展開できるタイプ

反応率の高いダイレクトメールやＦＡＸＤＭ、ホームページを作ってからのインターネット広告、話題性のあるセミナーの開催、小冊子の発行や書籍の出版などの手段を用いて、費用を上回る収入を得ていくタイプは、攻めの営業を展開していくことができるため、自分自身の知名度アップと売上アップを実現することができます。

# 8章

# Q&Aの事例紹介

## Q1

### 仕事を取るパターンで効率のよい方法を教えてください

**A1** 私の場合、最も効率のいいパターンは、1人のファン顧客が次々に新規の顧客を紹介してくれることでした。1人ひとりのお客様に対して一所懸命仕事をすることで認めていただき、紹介がもらえるようになることが大切です。

それから、数多くのセミナーを主催し、セミナー講師としての仕事を引き受けることに力を注ぎました。これは、セミナー参加者の中から顧客が発生するため、効率のいい方法です。

ある程度実績を出した後であれば、ダイレクトメールで新規顧客が獲得できるようになるため、明らかな成果を出してから魅力的なダイレクトメールを作成することにも挑戦してみてください。

## Q2

### 仕事は何人で行なっているのですか？

**A2** 私の会社では、私を含めて4人体制で行なっています。経営コンサルタントとして、外へ出て仕事をするのは私1人です。

男性の正社員が会社に残って、私が指示した仕事の処理、日常業務の統轄を行ない、会社の運営を後方から支えています。

パートの女性2人は、日常業務、定型的業務の処理を中心にがんばってもらっています。3人に手伝ってもらうことにより、効率よく仕事を進めることができるようになっています。

## Q3

**コンサルティングメニューは多様化したほうがいいのでしょうか？ メニューを多様化することのメリットとデメリットを教えてください**

**A3**　できる範囲で、メニューの多様化には挑戦したほうがいいでしょう。メニューを多様化するメリットとして、さまざまなことに対応できるようになることで顧客にとって便利な存在になり、取引を長続きさせることができるようになります。顧客は、ひとつの窓口でいろいろ対応してくれることを望んでいるからです。
さらにもうひとつのメリットとして、新しい顧客層が発生し、売上アップにつながる可能性が高くなることがあげられます。新しいメニューがヒットすれば、事業の柱になっていくこともあります。

一方、メニューを多様化するデメリットとしては、見込客から見たとき、何が専門だかわかりにくくなってしまうことです。また、守備範囲が広くなりすぎると一つひとつの専門性が低下する危険性が発生します。ですから、常に専門性の柱をしっかりと持ち、それをわかりやすく見込客にアピールすることを忘れてはなりません。

まずは、専門性を高めることが基本です。専門性を高めたうえで、相乗効果が発揮できるような形でメニューの多様化に挑戦していきましょう。

## Q4

### 顧客から、お金にならない過剰サービスを強いられて困るときがありますが、どうしたらいいでしょう?

A4　まず第一に、契約時に業務内容、業務時間、業務料金に関する取り決めを行ない、契約書にサインしていただくことです。過剰サービスを要求されないように、サービスに応じた料金の上乗せのルールについてもあらかじめ説明し、契約書に明示しておくことをおすすめいたします。

「○○に関しては、別途○○円の費用がかかりますがどうされますか？」とたずねるようにします。

次に、それでも顧客が無料サービスを要求してくるときは、顧客企業の社員に指示を出すことで、その作業を負担してもらうようにします。指示を出すだけなら、あまり時間を取られずにすみます。

最後に、トータルで採算に合わない顧客であることがわかったら、どこかで取引を中止するしかありません。人を見てから仕事を引き受けるようにすれば、このような失敗は減っていきますから、嫌な感じがする人の仕事は、なるべく最初から引き受けないことです。

## Q5

### 無料相談を行なったほうが新規顧客を増やせるでしょうか？

A5　無料相談は、見込客を発見する手段としては有効です。無料相談という名目で、顧客になる可能性があるかどうかをしっかり探るようにしてください。

しかし無料相談の段階では、お金を払ってくださる顧客と同じレベルのアドバイスをしないようにすることです。あくまでも、無料で話してかまわない範囲に留めておくことがポイントです。

本格的なアドバイスを無料で提供する場合には、公的機関のアドバイザー（専門家）になっておくのもひとつの方法です。公的機関のアドバイザーになっていれば、公的機関から謝礼がもらえるため、無料相談でも収入が発生するからです。

## Q6 セミナーの集客に自信がありません。セミナー講師をしたいのですが、まず、どのようなことからはじめるべきでしょうか？

**A6** 小さな団体、小さな勉強会、スタディーグループなどは、セミナー講師を探していることがよくあります。どんな小さなグループや会でもいいから、セミナー講師を依頼されるように自分自身をアピールしていきましょう。

身近な人に、「勉強会の講師を探していませんか？」、「少人数で勉強会をしませんか？」と聞くように心がけてください。

## Q7 セミナー開催後、参加者から個別の契約を取りたいのですが、どうすれば取れるでしょうか？

A7　まず、セミナー終了時にアンケートを取ります。アンケートを取れば、契約の可能性のある人を発見することができます。そして、可能性のある人に絞ってアプローチをしていってください。訪問のアポイントを取って面談し、相手の希望を十分にヒアリングすれば、スムーズに契約することができるでしょう。

セミナーが単発の場合は、なるべくセミナーをシリーズ化するようにしてください。シリーズ化したセミナーに、最後まで参加してくださる人の中から個別取引先が発生する可能性が高いからです。

## Q8 長時間のセミナーを行なう場合、何か工夫していることはありますか？

A8　一方的に講義をするだけでは参加者も疲れてくるため、ワークシートに記入してもらったり、ディスカッションしてもらうなど、全員参加型のセミナーにするように心がけています。

## Q9 セミナーの集客方法で、コストをかけずに効果が出せる方法があったら教えてください。

**A9** 取引先を数多く持つ会社に協力してもらうのが一番効果的です。たとえば、取引先を３００件持つ企業であれば、５％の15件ぐらいなら集めてもらうことができます。

集まるかどうかの最大のポイントは、本気で協力してくれるかどうか、すなわち協力してくれる会社に、「ぜひとも協力させてください」と言ってもらえるだけのメリットを提供できるかどうか、にかかっています。その会社の売上げを伸ばすこと、客数を増やすことに貢献できる要素が含まれていることが条件です。多少の手数料では人は動きません。

## Q10 自分の専門外の仕事を依頼された場合、どうしていますか？

**A10** まず、依頼者の話を十分に聞くようにしています。依頼者の話を聞きながら、「どんなことを求めているのだろうか？」、「どうすればいいのだろうか？」ということを明らかにし、「自分にできるだろうか？」ということを判断していきます。

そして、最終的には直観で判断して、「やれそうだ」と思ったら、勉強してでも引き受けるようにしています。ある程度のことは引き受けないと、自分自身の能力がアップしていかないからです。

しかし、直観で「非常に困難だ。まったく見当がつかずリスクが大きい」、あるいは「非常に時間がかかって赤字になりそうだ」と感じた場合には、事情を説明してお断りするようにしています。お断りする場合でも、誰に相談したらいいのかをなるべく伝えるように心がけています。

# Q11 契約の継続率をアップさせる有効な方法はありませんか？

**A11** 最も有効な方法は、顧客企業の毎月の定例会議に主要メンバーとして毎回参加させていただくことと、毎月の研修会の講師を継続的に担当させていただくことです。

会議や研修会は、どこの企業でも続けています。アドバイザーとして、あるいは社員研修の講師として、社長から気に入ってもらうことができれば、継続的に参加することができるはずです。

また、定期的に新たなプロジェクトを提案し、常に新しい目標に向かってともにチャレンジし続けることです。顧客企業の社長の信頼を得て、パートナー的な立場になることができれば、取引は長続きするようになります。

さらに、顧客企業の社長から次の問題解決のテーマを聞き出し、常に宿題を与えてもらうようにすることも大切です。次々に問題解決をしてくれる人は、頼りになるため手放せなくなります。

## Q12 コンサルタントとしての売上げを安定させるコツは何ですか?

**A12** やはり、顧客ごとの取引期間を長期化させるのが一番です。3年以上取引してくださる顧客をたくさん作るようにしてください。料金の目安としては、月額5万円程度なら、小さな会社でも長期間利用してもらうことが可能です。

## Q13 歯科医を対象としたコンサルに興味があります

(1) コンサルティングの時間はどのように設定していますか。昼休みだけでは不足すると思われます。毎月2回の指導としても、10件抱えると週に5日となり、午後だけだと限界になると思います。院長先生も午前中は診察されると思いますが、夜間や休診日に指導されているのでしょうか。

(2) 院長先生だけのコンサルティングとスタッフを含めてのコンサルティングがある

**と思いますが、スタッフを含めてのコンサルティング時間はどのように設定しているのでしょうか**

**（3）月2回の指導が標準的なスタイルのようですが、スタッフへの研修時間などはコンサルティングの時間内で設定されているのでしょうか。あるいは、別に研修時間を設定しているのでしょうか**

（1）コンサルティングの時間について
歯科医院のコンサルティングをいつ実施しているのかについては、さまざまです。最も多いのは、昼休みを少し長く取っていただいて行なう場合と、診療終了後、夜間に行なう場合です。それから少数派ですが、診療時間に行なう場合と休診日に行なう場合があります

（2）スタッフを含めてのコンサルティングのほうが圧倒的に多くなっています。たとえば、1回2時間で行なうとして、院長との打ち合わせは30分、残り90分はスタッフと一緒に行なうなどです

（3）スタッフの研修時間は、コンサルティングの時間内で設定しています

## Q14 資格を取ることを最優先にしたほうがいいのでしょうか？ これまで、資格を持っていてよかった、と実感したことはありますか？

**A14** 私の場合は、資格を取得した後、経営コンサルタント会社に勤務し、その後独立しました。

「資格を持っていてよかった」と実感したことは三つあります。

ひとつ目は、「自分は資格を持っている」という自信を持つことができたことです。名刺に「中小企業診断士」と書くことで、サラリーマン時代でも専門職としてのプライドを持つことができました。

二つ目は、公的な仕事が取りやすくなったことです。もちろん、資格だけでは仕事は取れませんが、資格がなければもう少し苦労したはずです（公的な仕事とは、中小企業大学校、商工会議所、商工会連合会、熊本市商工課などの仕事）。

三つ目は、資格を持っていることで「先生」と呼ばれることが多くなったことです。

「先生」と呼ばれることで、仕事にプライドを持つことができました。

以上、資格を持っていることは決して邪魔にはなりませんので、チャンスがあれば取得することをおすすめいたします。

ただし、資格取得がすべてではありません。資格がなくても、自分で有限会社を設立して社長になってしまえば、資格を持っているのと同等以上の効果があります。資格を取得するのに長い年月を費しすぎると、元を取るのがたいへんです。資格の取得は後回しにして、社長になってガンガン稼いだほうがいい場合もあります。

現に、資格なしでもコンサルタントとして大成功している人たちは大勢います。ですから、どちらが先でも成功できるというのが結論です。

「売れるような専門能力を身につける」、「仕事を取る営業力・顧客を作る営業力を身につける」、この両方がある程度揃ったら、資格などなくても食べていくことはできるでしょう。

**著者略歴**


## 岡部　穂積（おかべ　ほづみ）

中小企業診断士


1960年生まれ。83年慶應義塾大学商学部卒業。平成６年から経営コンサルタント会社勤務。平成14年㈲ベストビジネス設立、取締役社長に就任。経営コンサルタント会社の社長として、毎月数多くの企業や病院・医院の業績アップに取り組んでいる。得意分野は、業績を向上させるための社員教育と歯科医院の売上向上指導。中小企業、小規模企業の経営者および開業医の相談相手として毎日現場を飛び回っている。長期間にわたって利用し続ける顧客も多い。

**【無料プレゼントのご案内】**

〔１〕業績アップのヒントが発見できる「企業体質強化のヒント集」無料プレゼント中！

〔対象者〕中小企業の社長様、開業医の先生、中小企業診断士、税理士、社会保険労務士、個人事業主、独立予定の方

（くわしくはこちらをご覧ください　→　http://best-okabe.com）

〔２〕全国の中小企業の社長様および採用担当の責任者様限定、社員採用時の適性検査２名分無料実施中！

（くわしくはこちらをご覧ください　→　http://tekiseikensa.com）

**【問い合わせ先】**

経営コンサルティング・社員教育、講演・執筆等の依頼も受付中。


有限会社　ベストビジネス

〒862-0957　熊本市菅原町7-20　ストリートIビル２Ｆ

TEL（096）375-1386　FAX（096）375-1387　E - mail: book@best-okabe.com



# 中小企業診断士になって年収2000万円稼ぐ法

平成19年9月7日　初版発行

著　者――岡 部 穂 積

発行者――中 島 治 久

発行所――同文舘出版株式会社

東京都千代田区神田神保町 1-41　〒 101-0051

電話　営業 03（3294）1801　編集 03（3294）1803

振替　00100-8-42935　http://www.dobunkan.com.jp




ISBN978-4-495-57691-2

印刷／製本：日経印刷　Printed in Japan 2007